モンテッソーリ教育×マヤ暦

この2つの組み合わせが、子どもの無限の可能性を広げる!!

AMI国際モンテッソーリ教師
ヘルナンデス真理

マヤ暦研究家
越川宗亮

プロローグ

本書はモンテッソーリ教育とマヤ暦をかけ合わせた、おそらく日本初、いや世界初のユニークな幼児教育の本だと思います。

２０２０年、新型コロナウイルスが世界中に感染拡大し、多くの人命が失われ、経済に大きな打撃を与えました。

そこで私たちは必然的に「新しい生活様式」と向かい合わざるを得ない状況となったのです。

そんななかで価値観も大きく変わりつつあります。

働き方、時間の使い方、外食や買い物のしかた……、多くの人がライフスタイルの見直しをせまられたのではないでしょうか。

今後のアフターコロナの世界では、生活の自由選択肢が広がり、より個人を尊重する気運が高まるかと思います。

それは教育においても同じです。

奇《く》しくも2020年は「教育改革」の年でした。

三つの軸として「知識及び技能」「思考力、判断力、表現力など」「学びに向かう力、人間性など」をもとにした改革が推進されることとなりました。

先生が一方的に生徒に教えるといった従来のスタイルから、生徒たちの自主性が尊重され、多様な学び方が認められる時代がやってきたのです。

こうした傾向はアフターコロナの世界では、より一層加速していくことでしょう。

「考える力」を失った子どもたち

子どもには最適な教育環境を与えてあげたい、そして子どもの可能性、持てる能力を最大限に引き出してあげたい――。

これは多くの親が願うことだと思います。

ところがいまの教育現場は子どもの可能性を十分に引き出すものになっているでしょう

か。残念ながら、日本では戦後から今日までつめこみ式教育、押しつけ教育がおこなわれてきたのが現状です。

私も一児の父ですが、以前から日本の教育方針には疑問を持っていました。

解剖学者の養老孟司《ようろうたけし》先生が話されていたことなのですが、先生が北里大学で教えていたときに、「コップの中に水が入っていて、そこにインクを一滴入れてしばらくすると、インクの色が消えるだろう。どうして消えると思う?」と質問すると、ある女学生が「そういうものだと思っていました」と答えたそうです。

「自分で考える力」「自分の頭で思考する力」が育ってないのです。

この女子学生だけの話ではなくて、日本の子どもがこうなってしまっているのです。

文部科学省が教育改革を推進しようとしているのも、「自分で考える力」が育っていないという危機感あってのことでしょう。

養老先生はさらにこんなこともおっしゃっておられます。

「NHKは公平客観中立なんて、ウソつけって思う。だからNHKがこういう事件についてこういうふうに言っていたと、受け止めるんです」

ニュースはニュースであって、それが真実かどうかはまた別の話だということです。「メディアで流れていました。人がこう言っていました」と信じ込むのではなく、「自分」というフィルターを通してものを考える力をつけないといけないのです。

「考える力」を失うことは実に恐ろしいことで、自分の人生はもちろん、国全体、ひいては世界の行方《ゆくえ》も非常に危ういものになってしまうように思えてなりません。

親に都合のいい子育てをしていませんか？

なぜ教育の現状がこうなってしまったのか。

一つは親、家庭教育なのです。

しつけも教育も、親にとっては非常に根気のいる面倒なものです。

子どもに「こうしなさい」と教えて、親の言うことをなんでも聞いてくれたら、親にとっては非常にラクです。

子どもが自分の頭で考えて「なんでそれをやらなくちゃならないの？」「それはしたくない」といちいち抵抗や質問をされたら、時間がかかるし、やっかいです。

また子どもがやりたがるのを「こぼすから」「親がやったほうが早いから」と言って取り上げてしまえば、子どもの能力は育ちません。

やる気も失ってしまいます。

結局、合理性、効率性、経済性を求めると、面倒なものはどんどん省いてしまうことになるのです。

大人がいちばん子どもの発達の邪魔をしていることになるのです。

親の言うことをなんでも聞く子どもに育て、自分がラクをしてめんどうくさいことを避けるためのしつけなのか、自立してもらいたいためのしつけなのか、それには何を基準とするのかということです。

もちろん私自身も人のことは言えるはずもなく、よくよく自分の胸に手を当ててみると、自立心を伸ばすよりも、やはり親に都合のいい教育をしてきた反省があります。

親子の分離ができていない日本人

子育ての最終目標とはなにかと考えると、それは間違いなく「自立」にあると思います。

ところが、いまの若い人によくあるのは、大人になっても独立せず、親の庇護下で自分のお給料をそっくりおこづかいにしているさまです。

しかし、それは子どもがいい大人になっても甘えているという話ではなく、親の考え方の問題なのです。

親がいつまでたっても子どもを保護し自立を奪ってしまっているのです。

親が子どもを結果的に所有物のように見ていると思わざるを得ない行動をしていたり、心と行動をコントロールしていたりする。それは結局、親離れ・子離れができていないことに変わりありません。

「親の責任」というものは、子どもをいつまでも保護することではなく、その子が自分の力で生きていけるように働きかけることです。

他人に依存したり甘えたりすることなく、自分で決めて自分の力で人生を切りひらいていく、そういった人間に育てることが、親として、大人としての役割ではないでしょうか?

その自立心の根底に「自分で考える力」があります。

だからこそ、学校に依存するのではなく、家庭から子育て・教育を見直していくべきだと私は思うのです。

マヤ暦とモンテッソーリ教育との出会い

このような思いをつのらせていたある日、本書の共著者であるヘルナンデス真理《まり》さんとの出会いで「モンテッソーリ教育」を知りました。モンテッソーリは子どもが持っている「ひとりでできるようになりたい！」という気持ちを大切に尊重し、親は最低限のサポートで、子どもの能力を伸ばし、自立を促す教育メソッドのことです。

子どもの能力を伸ばす、子どものやる気を育てるとうたう教育法は多いものですが、モンテッソーリ教育は、科学的な根拠に基づき、具体的なメソッドを確立しているのです。なんてすばらしい教育法だろうと私はヘルナンデスさんからのお話に強く心を動かされました。しかも彼女がモンテッソーリの教師の国際資格を取得していると知り、ともにこのすばらしい教育法を多くの人に広めていきたいと考えるようになりました。

あるときヘルナンデスさんと話していてひらめいたのは、私の研究するマヤ暦の世界とモンテッソーリ教育をかけ合わせることで、まったく新しい、画期的な教育法が生まれるのではないかということでした。

「モンテッソーリ教育×マヤ暦」は無限大の可能性を秘めている！

モンテッソーリ教育はすばらしい教育法である一方、「親のあり方」が非常に問われる教育法です。

「子どもがやりたいときにやりたいことを好きなだけやらせる」
「子どもを否定しない」

この基本は実は親にとってはかなりしんぼうの必要なことなのです。

子どもが「自分でスプーンで食べる！」と言って、おぼつかないスプーン使いで食べてボロボロとこぼしたり、「飲みものを運びたい！」と言って、カップを落として割ったりするのを見ると、「ダメでしょう！」と叱ったり、「ママがやるから！」と取り上げてしまいたくなるものです。

しかし、そこはぐっと手や口を出したくなるのをこらえて、親自身がセルフコントロールをしなければなりません。

つまり、親は子育てでは常に「自分を律する」必要があるのです。

ヘルナンデスさんは、モンテッソーリ教育の国際資格の講座を受講しているとき、講師の先生に
「あなたの精神状態がよくないと、いい保育・教育はできませんよ。あなたがどんな問題を抱えていようとも、教室にいっさい持ち込んではいけません。問題はコートを脱ぐようにすべて教室の入り口のドアにかけて、それから中に入りなさい」

と繰り返し言われたそうです。

ところが「自分を律する」というのはなかなかむずかしいことです。

当たり前ですが、教師も親も完全な人間ではありません。

マヤ暦をひもとけば子育ては一気にラクになる！

では「自分を律する」ことの大前提となるものはいったい何でしょうか？

答えは簡単です。

「自分の本質を知り、自分を認める」ことなのです。

自分を知らなければ、律することはできません。

さらに言えば、自分を知らないから律する方法がわからないのです。

私が長く研究してきたマヤ暦では、その人の本質、本当の自分（魂）が望んでいるものは何であるのかを、マヤ暦を使って割り出します。

自分の本質、考え方のクセを知っておくことで、自分を上手にコントロールすることができ、子育ての難所を上手にくぐり抜けることができるのです。

マヤ暦では人それぞれの気質を「20の紋章」に分類しています。

どの紋章も子育てでメリットになる部分もあれば、逆にデメリットになってしまう部分もあります。

子育てにつまずいたときこそ、「自分はこの紋章だから、これこれの負の部分が出ているな」と自己分析ができるのです。

そういったことに気がつけば修正していくことができるのです。

そうです。

マヤ暦を使うことで、すべてが一気にラクになるのです。

子どもの本質を知ることで疑問に思っていたことが氷解する

子どもはそれぞれ「本来の役割」を持って生まれてきていて、それぞれ「魂の望み」を持っています。

それを親が知っているかいないかでその子の本質を伸ばす教育に大いに違いが生じます。

そこでマヤ暦です。

マヤ暦は、子どもの本質も知ることができるのです。

子育ての中では、「この子はどうしてここにこだわるのだろう」と不思議に思ったり、イライラしたりすることも多々あるでしょう。

そういった悩みもマヤ暦で本質を読み解いていけば、「だからこの子はこういう行動をするのだ」と腑《ふ》に落ち、ホッとすることになると思います。

たとえば、紋章「白い風」の子どもは、とても繊細な感性の持ち主で傷つきやすい子どもです。

ところが、表面上は強がったり、ピンチにおちいると強引に自我を通そうとしたりします。そういった、ちょっと複雑な部分を理解し、共感してあげることが、「白い風」の子どもにはなにより大事なことになるのです。

「白い風」の子が強がっているときに「頭ごなしに叱る」という親の行動は最悪のおこないとなるのです。

こうした子どもの本質を知ったうえでの子育てをするのとしないのとでは、雲泥の差が生じるのです。

同じ教育を受けさせたとしても、結果が違ってきてしまいます。

マヤ暦を知ることは子育てにとても大切なことなのです。

私が主宰するマヤ暦セミナーでは、「マヤを知って子育てがラクになった」「自分が子育てをしているあのときにマヤを知りたかったな」とおっしゃる方が実に多いのです。

マヤ暦もモンテッソーリ教育も目指すものは一つ

「平和のルーツは子どもの教育にある」

モンテッソーリ教育の創始者であるマリア・モンテッソーリの言葉です。

モンテッソーリの目指すもの、それは「平和」です。

マリア・モンテッソーリは自らの戦争体験を通し、晩年は世界平和を訴える運動を展開しました。

一方マヤ暦の世界では、マヤ暦を学ぶことで、「愛と尊敬を中心とした、お互いを認めあうことのできる社会の実現」を目指します。

つまり、マヤ暦もモンテッソーリ教育も目指すところは「一つ」なのです。

マヤ暦で「自分の本質・役割」、そして「子どもの本質・役割」を知り、そのうえで自立・自発を促すモンテッソーリ教育を実行することは、子どもと一緒に自分も成長ができることになるのです。

まさに「最高の子育て」が実現できるといえるでしょう。

本書の構成をご紹介します。

第1章ではまずモンテッソーリ教育とはどのようなものであるか、概要を説明します。

第2章はマヤ暦の章です。あなたの本質、子どもの本質を知りましょう。

第3章はモンテッソーリ教育の実践です。具体的にどんな教育をおこなうのかをご理解いただきます。モンテッソーリの教育をマヤ暦の教えとどうからめていくのかについてのヒントも載せています。

第4章は、モンテッソーリ教育をご家庭の日常生活でおこなう場合のメソッドをご紹介します。

続く第5章は、子どものやる気と能力を引き出す「お仕事」の例を掲載します。これもすべて家庭でおこなってもらえるものを選びました。

マヤ暦もモンテッソーリ教育も初めて触れるという人にも、楽しく気軽に読んでいただけるよう、できるだけわかりやすく、簡潔に解説しています。

マヤ暦とモンテッソーリ教育を使ったすばらしい子育て術を少しでも早く実践し、お子さまの輝く未来をひらいてあげてください。

マヤ暦研究家　越川《こしかわ》宗亮《そうすけ》

モンテッソーリ教育×マヤ暦　もくじ

プロローグ　越川宗亮

第1章　子どもの輝く未来を育てるモンテッソーリ教育　ヘルナンデス真理

第2章

マヤで自分と子どもの「本質」を知れば子育てはグンとラクになる

越川宗亮

第3章 子どもの力がグングン伸びるモンテッソーリ教育　ヘルナンデス真理

第4章 やってみよう！　家庭でできるモンテッソーリ教育　ヘルナンデス真理

第5章
子どもが夢中になる！今日から実践できるモンテッソーリの「お仕事」

ヘルナンデス真理

装丁／装画　石井香里
本文デザイン／DTP　つむらともこ
校正　鷗来堂
構成　高橋扶美
編集　小田明美

第1章

子どもの輝く未来を育てるモンテッソーリ教育

ヘルナンデス真理

子どもの発達を妨げているのは大人

ここはとある保育園。

2歳の女の子Mちゃんがお母さんに連れられて登園してきました。

Mちゃんはこの保育園に入ってまだ1週間。毎朝、預けられるときは大泣きです。今日も保育園の門をくぐったところから大泣きしています。

お母さんは仕事の時間があるからもう必死です。一歩も歩こうとしないMちゃんをだっこして玄関に入りました。

保育士が「お母さん大丈夫ですよ、安心してお仕事に行ってください」「Mちゃん、お母さんはお仕事に行かなくてはいけないので先生がだっこしようね」と声をかけ抱きとります。

先生にそう言われてもお母さんは心配げな顔。振り返りながら園を出て行きました。

この間もMちゃんはずっと泣いていましたが、お母さんの姿が見えなくなるやピタリと泣きやみ、自分でバッグを持ってさっさとお教室に入っていきました——。

子どものこういった気質を見たことがない人はいないでしょう。

あるいは転んで泣いても、まわりに助けてくれる大人がいないと知るや、ピタリと泣きやんでスタスタ歩いていく。こんな光景もよくあるものです。

こういう場合大人はケガをしていないか、救急に手当てが必要かどうかを見きわめたら（＝観察）、余計な介助はしません。子どもが自分で立ち上がるのを待ちます。

これがモンテッソーリの教育です。

「助け起こしてあげないなんて冷たいのでは？」と思ってしまうかもしれませんが、そこで手を出して、子どもを助け起こすことは、決してその子のためにならないのです。それでは子どもは人に依存することを覚え、自立心が育たないのです。

モンテッソーリ教育ってどんなもの？

モンテッソーリとはイタリアの医学博士でかつ、幼児教育学者のマリア・モンテッソーリが考案した教育法です。その目標とするところは、

「自立していて、有能で、責任感と他人への思いやりがあり、生涯学び続ける姿勢を持った人間を育てる」

（日本モンテッソーリ教育綜合研究所ＨＰより）

というもの。

モンテッソーリ教育では「子どもは自ら学ぶ力を持っている」と考えます。大人は「教える」のではなく、子どもの可能性を最大に引き出すためのサポート役に徹します。

子どもは自ら求めて学ぶことで、知性、想像力、忍耐力、人に対する思いやり、道徳心、自立心など、あらゆる能力を開花させます。

モンテッソーリ教育は１００年の歴史を持ち、その正しさは、現代の大脳生理学、心理学、教育学などによって証明されています。

今日では世界のリーダーがモンテッソーリ教育を受けていたことが知られ、世界中でこの教育法が注目されています。

モンテッソーリ教育の成果

私は現在、沖縄にある保育園の園長を務めていますが、当園では前園長の時代から20年来、モンテッソーリ教育を導入してきました。

自画自賛のようでたいへん恐縮なのですが、

・子どもたちの様子が非常に落ちついている
・物ごとに意欲的に取り組める
・身のまわりのことを自分でできる
・お友だちや年下の子に対して非常に思いやりがある

など、保護者や関係者はもちろん、小学校の先生、地域の皆さまからも非常によくおほめいただきます。

偶然にも母と妹がそれぞれに取り入れていたモンテッソーリ教育

当園はもともと、私の母親が園長として経営をしてきました。私は結婚後、10年ほどアメリカで暮らしていたのですが、沖縄に帰ったタイミングで、母から引き継ぐ形で園に入ることになりました。

そこで驚いたのは、園の子どもたちの様子が以前とまったく違うことです。

アメリカに行く前は、みんな廊下を走り回ったりケンカをしたり泣いたりと、まあよくある保育園の光景といったらそうなのですが、それはそれは騒々しかったのです。

それがすっかりなくなって、落ちついた様子で座って目を輝かせて絵合わせカードなどをやっているのです。それもみんな自分で「これをやりたい」といって選んだもの。やらされているのではないのです。本当にテレビでよく見る「ビフォー・アフター」のような感じでした。

聞けば、母が「モンテッソーリ教育」に興味を持ち、部分的にではあるけれど取り入れているというのです。

そこでまた驚いたのは、やはりアメリカに住む妹が、自分の子どもをモンテッソーリ教育の幼稚園に通わせていたことです。

私も妹の手伝いに行っては、何度も子どもをお迎えに行ったものです。そのときはどんな教育をしているのか、あまり興味を持たなかったのですが……。

母と妹はお互いに相談しあって始めたのではなく、まったくの偶然とのことでした。

モンテッソーリの国際ライセンスを取得

子どもたちのあまりの違いに驚いた私は、園の経営を引き継ぐにあたって、本格的にモンテッソーリ教育の勉強をしたいと考えました。モンテッソーリ教育をおこなうには、しかるべき勉強をして、ライセンスを取得する必要があります。

母が取り入れていたのはそこまで本格的にではなく、モンテッソーリの講師に数回来てもらって教えてもらい、できる範囲のことをやっていたのです。

「ある程度取り入れただけでこれほどの成果が出ているのならば、本格的に取り組んだらさぞかしすばらしいだろう」と思いました。

これが私とモンテッソーリ教育との出会いでした。

最初は日本モンテッソーリ教育綜合研究所・教師育成センターを終了し、その後、国際資格（ＡＭＩ公認国際モンテッソーリ教師ディプロマ）を取得しました。

マヤ暦との出会い

私とマヤ暦との出会いはやはり日本に帰国したころのことです。

いわゆる「ミッドライフ・クライシス」というのでしょうか。これから自分がどう生きればいいのか、何をしていいのかわからなくなっていた時期でした。そんなときにマヤ暦を知り、シンクロニシティ研究会でマヤ暦を学び始めたのです。

マヤを学ぶことで自分の本質、魂の望みに触れたことは、私にとって非常に意義のあることでした。また自分の親子関係やきょうだい、知人・友人との関係が面白いようにひもとけ、とても興味深く感じました。その人の本質を知ることで「この人はこういう資質があるから、こういう行動をするのだ」と納得がいき、人間関係がよく整理できました。

とにかく「納得ができる、腑に落ちる」というのが私のマヤ暦の感想です。

知れば知るほどはまっていき、「アドバイザー」の資格を取るまでになりました。

モンテッソーリ教育は「英才教育」ではない

モンテッソーリというと、「早期教育・英才教育」というイメージをお持ちの方も多いかもしれませんが、実はまったく違います。

モンテッソーリがいわゆる早期教育・英才教育と決定的に異なるのは、「子どもが自発的・自主的に学ぶこと」を基本方針にしていることです。教師や保護者はそのための「環境」を整え、サポートをおこなうのです。

テキストや教材を出して「今日はカタカナを習います」「動物の名前を覚えましょう。これはライオンといいます」というように「教師が一方的に教える」ことはいっさいありません。そもそも決まったカリキュラムがないのです。子どものそのときどきの興味に応じて、遊び感覚で能力を伸ばしていくのがモンテッソーリ教育の方法です。

子どもの知的好奇心・想像力を刺激し、自分で答えを見つけていくプロセスこそが、モンテッソーリがもっとも大事にしているものです。

子育てにとても重要な「ゴールデン・トライアングル」

モンテッソーリ教育は「ゴールデン・トライアングル」といって、「子ども」「大人」「環境」の三つの要素がそろって初めて成立する教育法です。

大人はまず子どもの発達の段階を正しく理解して、子どもが何に興味を持っているかを「観察」します。そのうえで、子どもにとって「最適な環境」を用意します。

では最適な環境とはどういうものでしょうか。

一つ例をあげて見ましょう。

子どもが「自分で手を洗ってみたい」と思ったときに、洗面所に踏み台が置いてあって、蛇口のレバーを自分で操作することができ、手の届くところにハンドソープと、扱いやすい小型サイズのタオルが置いてある――というものです。

大人は、子どもがひとりでできるように環境を整えてあげるのです。

また子どもに手の洗い方の見本をゆっくりやって見せる、最低限のお手伝いをする、危険がないように見守るといったことも大人の役割です。

具体的にはどんなことをするの？

モンテッソーリ教育では、「子どもには敏感期という特別な時期がある」という考えのもと、「敏感期」に沿った教育プログラムをおこないます。

敏感期についてはのちほど解説しますが、簡単にいうと「成長の段階に応じて、ある特定の事柄に敏感になる時期」です。

この時期は子どもの成長にとって非常に重要なポイントとされます。

この敏感期をもとに、0歳から3歳は、粗大運動の活動、微細運動の活動、日常生活の練習、言語教育、感覚教育、音楽、美術の七つの教育環境が用意されており、3歳から6歳はこれをさらに発展させた日常生活の練習、感覚教育、言語教育、算数教育、文化教育の五つの分野の教育環境が用意されています。くわしくは後に説明します。

さらにモンテッソーリ教育では、人の発達段階を四つにわけていて、敏感期を考慮しながら、発達段階に合わせた教育をおこないます。

なかでも0歳から6歳までの乳幼児期はほとんどの敏感期が集中する大事な時期。

この時期の教育で子どものその後の成長の土台ができると言っても過言ではありません。

この乳幼児期を0歳から3歳までの前期と3歳から6歳までの後期にわけています。

これについても後に述べましょう。

子どもが驚くほど集中する「お仕事」

モンテッソーリ教育には発達段階に応じてたくさんの教育プログラムが用意されています。その多くのプログラムが手を使う「お仕事」という形でおこなわれます。

子どもは手を使いながらいろいろなことを学びます。また手を使うことで、脳の神経も発達します。

たとえばモンテッソーリの幼稚園・保育園では料理、掃除、ガーデニング、アート、図書のコーナーなど、分野ごとにグッズや場所が用意されていて、子どもは好きなときに好きな「お仕事」をしていいのです。

たとえば「絵カード合わせ」という「お仕事」を例にとってみましょう。

1セットにはそれぞれにうさぎ、猫、犬などの絵が描かれています。もう1セットには絵とともに動物の名前が書かれていて、さらにもう1セットには絵はなく、動物の名前だけが書かれています。

まずは絵だけのカードを並べ、それぞれに絵と名前の書かれたカードを合わせていきます。

子どもの発達に合わせて次の段階では、絵のカードに文字だけのカードを組み合わせます。

大人は最初に見本を見せて（「提示」といいます）、あとは口をはさみません。

子どもは待ちきれない様子でカード合わせを始めます。

このお仕事を通じて動物の名前を覚え、文字に関心を持ち、また指先も器用になります。

子どもたちは遊びの延長、ゲーム感覚でどんどん知識を吸収していきます。

もちろん子どもがやりたくなければやらなくていいし、飽きたらそこまででかまわないのです。強制は絶対にしません。

子どもたちは自分で好きなお仕事を選び、時間の制限なく、好きなだけ取り組むことができます。家庭でできるお仕事については第5章で紹介しています。

モンテッソーリ教育の保育園・幼稚園では子どもが夢中になってお仕事に取り組む光景

が、ごく当たり前のように見られます。

やらされてやるのではなく、自分がやりたくてやっているから、集中力が違うのです。

モンテッソーリ教育でどんな子どもが育つのか

ではモンテッソーリ教育ではどんな子が育つのでしょうか。

モンテッソーリ教育で育った子どもは自立心、集中力、判断力、責任感、自己肯定力を持った子どもになります。以下、見ていきましょう。

自立心のある子に育つ

モンテッソーリ教育で育った子どもはしっかりとした自立心を持っています。

早いうちからお着替え、料理、裁縫といった身のまわりのことができるようになり、「自分のことは自分でやる」という意識をしっかり持った子どもに育ちます。

集中力が身につく

モンテッソーリ教育では子どもは好きなお仕事を好きなだけおこなっていいのです。子どもが集中している間は、大人は決して邪魔をしてはいけません（時間的な制約がある場合は142ページで述べます）。

これを続けると、すばらしい集中力を持った子どもに育ちます。そして子どもの力が最大に伸びるのは集中しているときです。集中して取り組むことのできる子どもは、その先、勉強においても運動においても持てる能力を十分に発揮できます。

知性が育つ

モンテッソーリ教育では赤ちゃんのころから話しかけることで言葉の発達が促されます。また、音楽、言語、数学、文化といったさまざまな分野にまたがるお仕事をおこなうことで、子どもの知性が刺激されて、グングン伸びていきます。マニュアル教育とはまったく違うので、型にはまらない自由な発想ができます。

ちなみにモンテッソーリ教育は早期教育、英才教育ではないと述べましたが、知的レベルが非常に高く、またどんなことでも意欲的に取り組むことができる子に育つため、結果として受験に成功する子どもが多いことも事実です。

判断力に優れた子に育つ

モンテッソーリ教育では小さいうちから「選ばせる」ということをします。どちらのおもちゃで遊びたいか、どちらの色を選ぶかなど、常に選択をすることで、判断力が身につきます。

判断力は自主性にもつながり、大人になったときに自分で考えて自分で人生を切りひらく力となります。

責任感をしっかり持った子に育つ

モンテッソーリ教育では基本的に「タテ割り教育」をおこないます。幼稚園であれば3歳児から6歳児までが一緒のクラスですごします。

小さい子は大きい子から学び、大きい子は小さい子の面倒を見たり、できないことを教えてあげたりします。そのなかで自尊心、責任力が芽生えていきます。

自己肯定感の高い子どもに育つ

モンテッソーリ教育で育った子どもは非常に「自己肯定感」が高いです。

まずモンテッソーリ教育では子どもが間違っても絶対に否定しません。これは後から述べますが、自分で間違いに気づくまで見守ります。「その言葉は間違っているよ」「それはやってはダメでしょう！」と否定されると子どもの尊厳が傷つき、やる気を失います。

そうではなく、自分自身で間違いに気づけば尊厳は傷つきません。

またモンテッソーリ教育では自分の興味を持ったお仕事に繰り返し取り組み、やり遂げることで「できた！」という満足感、達成感を得ることができます。

達成感を味わった子どもは「次に何をしよう？」と新しいことにチャレンジしようという意欲を持ちます。

さらに先にあげた自立心や責任感もあいまって、自己肯定感がしっかり育つのです。人間は自分のことが自分でできるようになって初めて自己肯定感が持てるのです。

自己肯定感を持った子どもは自分の力や可能性を信じて、繰り返しチャレンジすることができます。

「自己肯定感」こそが「生きる力」

あくまで私の考えですが、この自己肯定感こそがモンテッソーリ教育における最大の利点の一つだと思っています。

いじめでも差別でもそうですが、いまの世の中の人間関係における問題は、多くが自己肯定感の欠落、あるいはゆがんだ自己認知（自己肯定）からきているものです。

自己肯定感が持てないことがいろいろなトラブル、社会的問題につながっていると思います。

きちんと自己肯定感を持っている人は、情緒が安定していて、人生に何か問題や障害があったとしても乗り越えていこうという、「生きる力」を持っています。

また自分を認めているからこそ他人を認めることができるし、人に思いやりを持つことができます。

自己肯定感をしっかり持った人が増えれば、世の中はもっと生きやすく、社会は大きく変わると私は思っています。

もちろん私自身を含めて、人間は不完全な生き物だし、大人になっても間違ったことをしてしまっては自己嫌悪におちいることが多々あるものです。でもそこでも自己肯定感さえあれば、そんな自分も認めて、いくつになっても自ら正していくことができるのです。だからモンテッソーリ教育を学ぶと、人生に対して前向きになることができるのです。

マヤ暦で読み解くと……

マヤ暦は、その人が「どんなエネルギーを持って生まれたのか」「どう生きればエネルギーの特質に沿った生き方ができるのか」ということを教えてくれます。

自分がどんな本質を持っているか、エネルギーの特質を知ることこそが、本当の自分、魂の望みを知ることにほかなりません。

人生は「どういうエネルギーを蓄積するか」で決まります。「自己肯定」はプラスのエネルギーです。自己肯定をたくさん貯めればそれは「生きるエネルギー」になります。逆に自己否定という負のエネルギーを貯めると生きる力が湧いてきません。

貯金がたくさんあると余裕ができるように、自己肯定というエネルギーをたくさん貯めた子どもは、余裕のある人生を送ることができるのです。

世界のリーダーが育つモンテッソーリ教育

「GAFA（ガーファ）」という言葉をご存知でしょうか？

G＝Google（グーグル）、A＝Apple（アップル）、F＝Facebook（フェイスブック）、A＝Amazon（アマゾン）を指します。言わずと知れた、この21世紀に創業され、全世界にイノベーションを起こした巨大IT企業です。

このGAFAの創業者たちがモンテッソーリ教育を受けていたことが話題となっています。

グーグルの生みの親、ラリー・ペイジとセルゲイ・ブリン、アップルのスティーブ・ジョブズ、フェイスブックCEOのマーク・ザッカーバーグ、アマゾンの創業者ジェフ・ベゾスなど。彼らは幼少時にモンテッソーリ教育を受けたといわれています。

まさに21世紀における世界のリーダーを育てたのがモンテッソーリ教育なのです。

またイギリスのウィリアム王子とキャサリン妃は長男のジョージ王子をモンテッソーリ教育の幼稚園に通わせていました。

もともとウィリアム王子のお母さまのダイアナ元妃が、結婚前にモンテッソーリ教育の幼稚園で働いていたそうで、その影響もあるのかもしれません。

日本では「天才棋士」とのほまれ高い、将棋の藤井《ふじい》聡太《そうた》さんがいます。藤井聡太さんは幼少時にモンテッソーリ教育の幼稚園に通っていたそうです。

型にはまらない自由な発想、意欲的に取り組む姿勢、高い集中力、ピンチになっても自分を信じてやり抜く力、まさにモンテッソーリのお手本的存在といえると思います。

マヤ暦で読み解くと……

藤井聡太さんをマヤ暦で読み解くと、KIN42、音3、太陽の紋章は「白い風」です。

将棋の歴代の名人は多くが音が2でした。羽生善治《はぶよしはる》さんも渡辺明《わたなべあきら》さんも音2です。

音2の人は鋭い直観力を持ちます。

直感は勝負の世界で不可欠なものです。

ところが藤井聡太さんは音3。

これは「つなげる」という意味を持つ音です。

藤井聡太さんは直感力プラス、AIを融合させる力を持っています。

さらにこの人は忍耐強さも持っています。

だから藤井聡太さんは「敵なし」なのです。

さらにこの人の紋章は「白い風」です。

「白い風」はすばらしい才能を持つけれど、どちらかというとマルチに活躍できるタイプではないのです。

「将棋」という特殊な世界に頭角をあらわした彼をよくぞ否定することなく、思い切りその道を究めさせた親御さんはすばらしい存在です。

これぞモンテッソーリ教育の「子どもを認める、否定しない」教育のたまものではないでしょうか。

第2章

マヤで自分と子どもの「本質」を知れば子育てはグンとラクになる

越川宗亮

マヤが示す「モンテッソーリ教育」の活かし方

この章では「マヤ」を使うことで「モンテッソーリ教育」を最適化する方法について述べていきたいと思います。

個々の子どもたちの持って生まれた本質や特徴、またそれ以上に「子育て」に関わる大人のおちいりやすい注意点を知り、理解ができると、「モンテッソーリ」の教えを最大限に活かすことができるのです。

たとえば生まれながら、まるで大人のように自分で判断し、行動する子どももいます。そういう子はひとりの存在として、認められ尊重されることを望んでいます。逆に子ども扱いされると、納得できず、かえって抵抗したり、反抗したりします。

マヤを通じ、自分を知り子どもを知ることで、よりスムーズで、よりよい関係を築くことが可能になるのです。

料理をするとき、食材の特徴、また自分の料理の技量など、「絶妙な組み合わせ」が最高の食事、食卓を作りだすものです。親子の関係もそれと同じです。

食事はその場だけのものですが、教育は食事とは比べものにならないほど、後々まで影響が及びます。

それだけに自分と子ども、また取り巻く家族の本質と特徴などのポイントをしっかり理解していただきたいのです。

「知っているか、いないか」は子どもと旅に出るときに、地図やコンパス、現代ではナビゲーションツールを所持しているか、あるいは何も持たずに暗中模索で行くのか、と同じくらいに差があるものです。

みなさんはどちらを選びますか？

むずかしいことは何もなく、マヤ暦が示してくれる内容と、自分の感覚を照らし合わせながら進めばよいのです。

さあ、一歩を踏み出してみましょう。

「自分を律する」とはどういうことか

「モンテッソーリ教育」の実践において、ポイントとなることの一つは、親が「自分を律すること」です。最初にこれを強く意識しないと「大人の都合を優先する子育て」になってしまいます。

そこで大切になってくるのは「自分自身の本質」をしっかり見つめることです。自分の傾向がイメージできれば、ある程度の対策も見えてくるものです。

主観を超えて客観的に冷静に分析することで、自分自身と向き合ってみると、多くの気づきに至ることができるのです。

「演じている自分」ではなく、マヤ暦を学ぶことで「素の自分」をもう一度確認してはいかがでしょう。それでこそ、もって生まれた無限の可能性や突き抜けた能力、あるいは子どもとの「違い」にも気づくはずです。

マヤ暦を学べば自分だけでなく、子どもを活かすこと、何に注意すればいいかも明確になります。ぜひご自身で体感してください。

これがわかると、「モンテッソーリ教育」が「マヤ暦」によってさらに輝きを増すことを実感していただけることでしょう。

「マヤ暦」について

本書で初めて「マヤ暦」に触れるという方もいらっしゃると思います。ここではマヤについて簡単に説明をしておきましょう。

マヤ文明には多くの暦（カレンダー）がありますが、そのなかで私たちがもっとも注目しているのが「1サイクル」を「260日」とする「ツォルキン暦」です。これはマヤの神官が使ったといわれるもので「儀式暦」とも呼ばれるものです。

ツォルキン暦は「宇宙の周期律」を示しているとされ、「マヤの叡知《えいち》」が凝縮されていると考えられています。

このツォルキン暦に従って生きることは、宇宙のリズムに乗って生きることです。それゆえ宇宙のサポートが受けられ、数々のシンクロニシティが起こるのです。

ツォルキン暦は、13×20という数字のかけ合わせ（13×20＝260）でできています。この260のうち、どの日のエネルギーを浴び生まれてきたか（KINナンバー）を割り出すことで、「本当の自分」「本来の能力や役割」の目安を知ることができます。

マヤについて、より深く知りたい方は、私の著書やシンクロニシティ研究会のウェブサイトをご覧ください。

本章ではこのマヤの叡知のなかから「太陽の紋章」を使って、あなたとあなたの子どもの本質にせまってみましょう。

太陽の紋章はマヤの膨大な情報からすれば、ほんの一端です。もともと人間は多面体です。自分の紋章以外のところでも、自分にも当てはまる印象を持った場合、そこにも注意を向け、しっかりと読み込んでいただきたいと思います。それがこの章の有効な使い方です。

あなたの本質が刻まれた「太陽の紋章」とは

マヤでは、宇宙には20の異なったエネルギーを持つ「神」がいて、かわるがわる支配していると考えられています。

この20の叡知が260日の日ごとに順番に巡ってきます。260日のうちの生まれた日のエネルギーを浴びることで、それが自分自身の本質や、もって生まれた能力にも多分に影響を及ぼしているとされているのです。

この20の叡知を「太陽の紋章」と呼んでいます（以下、「紋章」と略します）。たとえば「赤い龍の日」に生まれた人は「赤い龍」が紋章となるわけです。

さらに20の紋章は「赤・白・青・黄」の色ごとに四つのグループにわけられます。各色のグループは大まかには同じ傾向を持っています。

紋章にはあなたの本質、あなたの魂の望んでいるもの、果たすべき役割などが刻まれています。紋章はいわば「あなたの人生の道標」ともいえるものです。これを知ることで自分自身や子どもをより深く理解できるのです。そしていままでひもとけなかったものが解けたりと、多くの気づきに出会うことでしょう。

あなたの紋章を出してみよう

では実際にあなた及びお子さんの紋章を出してみましょう。183ページからの巻末の付録「西暦とマヤ暦の対照表」をご覧ください。

これは西暦における誕生日とマヤ・ツォルキンにおけるKINナンバーを照らし合わせ

てみるものです。この表から出る数字があなたのＫＩＮナンバーです。

たとえば１９７８年7月11日生まれの人はＫＩＮ１１４です。

ＫＩＮナンバーが出たら、次に１８４～１８５ページの表で、１１４を探してください。その数字を左にたどったところに書いてあるものがあなたの紋章です。

ＫＩＮ１１４は「白い魔法使い」です。

同様に、子どもの紋章も出してみましょう。

ご自分と子どもの紋章が割り出せたところで、それぞれをくわしく見ていきましょう。

親として、子としての紋章ごとの特徴、親として子育てにおいて注意すべき点は何か、どのように子育てをしたらいいか、さらに自分を律していくにはどうしたらいいかについても触れていきます。

さらに、より有効に活用していただくためには、自分以外の紋章でも合致すると感じる紋章があれば、そこも読んでください。「太陽の紋章」だけでは説明しきれない要素もたくさんありますので、ほかに当てはまるケースがあることも大いにあり得るからです。

「赤い龍」

▼「赤い龍」の親

「赤い龍」の親は自分自身はもちろん、子どもに対しても「正々堂々」と生きていきたい、また生きてほしいという想いが根底にある場合が多いのです。「濃厚な関係」を望み、一緒の時間と空間をともにすごすことを願っています。

注意したいのは「完全掌握願望《かんぜんしょうあくがんぼう》」です。それは子どものすべてを知っておきたいという気持ちとなってあらわれます。

そのため子どもにとっては少し窮屈に感じたり、制限を感じることになるかもしれません。

余白を楽しむくらいの心を備えてはいかがでしょう。

●●自分を律するポイント●●子どもに自分の理想を押しつけないこと

▼「赤い龍」の子ども

勢いがあり、とてもパワフルです。弱音を率直に伝えることをしません。ですから大切なのは親子の間でどんなことでも正直に言い合える信頼関係を築くことです。

「親は自分のことを受け入れてくれる」といった安心感がポイントになります。

親子でゆったり、水入らずといった環境を整えてみてはいかがでしょう。

また、誰もが何度も失敗しながら、それを乗り越えることで輝きを放っているということを子どもに話すことで、失敗に対する怖れを早い段階から取りのぞいてあげて挑戦を応援しましょう。

●●「赤い龍」の育て方のポイント●●自分の「お仕事」をその都度、確認する

「白い風」

▼「白い風」の親

繊細さと大胆さ、強引さを合わせもっています。極端なぐらいに対極的な面があるので

す。

子どもに対して自分の思いを人一倍伝えたいという願望があります。

よりよい関係を築くには、自分の言いたいことより、子どもの気持ちを上手に聞き出し、まずひたすら共感し、十分なコミュニケーションの時間をとることです。

共感を意識し、重ねることで「モンテッソーリ教育」の根幹にもある「思いやり」を育てることになるでしょう。

自分の思いだけを一方的に押しつけること、また無理やり、強引にやらせることは、くれぐれも気をつけてください。

●●自分を律するポイント●●子どもに押しつけるのではなく、あくまでサポートする

▼「白い風」の子ども

見た目は繊細には見えませんが、感受性が細やかで傷つきやすい面があります。虚勢をはるため、強がって見せたり、粗暴な面を人前で表現することもあります。

また少し「マニアック」で、人があまり関心を寄せないことに興味を持つこともありま

す。興味を持ったことについては、とことん深い知識やスキルが身につくでしょう。深い興味を持っているものを見つけ出してあげると、才能が開花する可能性が高くなるはずです。

また「白い風」の子どもは「語り合いたい」という思いが強いため、しっかり話を聞く時間をとることが大事です。

●●「白い風」の育て方のポイント●●興味を持つものを見きわめ、それを伸ばす環境を整える

「青い夜」

▼「青い夜」の親

自分の方向性や目的が定まったときは、寝食を忘れて取り組みます。それくらい「青い夜」にとっては「夢」や「希望」「目標」といったことが人生で占めるウエイトが大きいのです。

一方で、自分の世界をとても大切にしているため、容易には自分の世界に他者を入れることはありません。また極めて現実的な面もあります。

親子関係で大切なことは囲い込みすぎないことです。親の感覚で子どもを勝手に誘導したりせず、オープンな関係で関わる方々とともに成長していくという意識を持つことです。子どもと「夢を共有する」イメージを持つことで強いつながりが生まれるでしょう。

●●自分を律するポイント●●自分の主観だけでなく客観性を常に意識する

▼「青い夜」の子ども

マイペースで自分の世界を大切にする子どもです。そのためあまり干渉されたり、介入されたりすることは好みません。また自分がそのようなタイプなため、逆に人に必要以上に気をつかったりすることもありません。

目標やターゲットが定まると、驚くほどのパワーを発揮し、何としても実現しようと必死に取り組みます。それを一緒に見つけ出してあげることです。

また自分ひとりの時間を大切にするタイプなので、それを尊重してあげることも重要です。

●●「青い夜」の育て方のポイント●●一つ一つ達成するまで見守る

「黄色い種」

▼「黄色い種」の親

「納得したい」という思いが強く、またさまざまなことに広く関心を持ちやすい傾向にあります。

大切なのは自分の思考に固執せず、柔軟さを保つことです。

注意したいのは、根底に「現状維持願望」があるため、相当納得しないと「新しいこと」に挑めないことです。「モンテッソーリ教育」の実践においては、意義をよくよく理解したうえで、取り組んでいただくことが重要です。

学びの姿勢を持ち続けることが、やがて大きな変化へとつながるでしょう。さらに自分自身が変わる分だけ子どもも変わることを実感するでしょう。

●●自分を律するポイント●●納得まで時間がかかり、行動に至るまで時間を要すること

を意識する

▼「黄色い種」の子ども

物ごとのそもそもの成り立ちや出発点まで遡《さかのぼ》り、問いを発するタイプです。物ごとを根っこから知りたいのです。数々の問いに対して面倒に思わず、しっかり説明してあげることで、親子の関係はより強くなるでしょう。

またいろんなことに次々と関心を持つ子どもなので、一つ一つケジメをつけてから次へという規律を守る習慣をつけましょう。そのなかでもとくに興味あることを深めることで、未来への道がひらけるでしょう。

●●「黄色い種」の育て方のポイント●●熱中できるものを一緒に探す

「赤い蛇」

▼「赤い蛇」の親

原則的にスキンシップが好きで、常に子どもと密着していたいタイプです。親密な関係でいたいという願望があります。その根底には「安心感」を強烈に求めているということがあります。

人に対して生理的に合う・合わないがはっきりしていて、自分の身体が過敏に反応を示すこともあります。

また元来、人目や人の評価が気になりやすいため、ときには人間関係を気にしなくてすむ自然のなかへ、子どもとともに身をおくことをおすすめします。

イライラし始めると、感情が収まりきらなくなりがちなので、そのようなときはその場を離れ、冷静さを取り戻すことが重要です。

●●自分を律するポイント●●ときにはひとりの時空間で心身をゆっくり休めてリフレッシュする

▼「赤い蛇」の子ども

運動や音楽活動で能力を発揮しやすい子どもです。ちょっと神経質な面もあります。外で神経を使う分、家ではゆっくりリラックスしたい気持ちがあります。睡眠を十分に取ることで回復は早くなるでしょう。

自分の欲求が満たされないと、エネルギーの循環が滞り、心が落ちつかなくなります。常に親が関心を持ち「いつも見ているよ」という安心感を届け続けると、目の前のことに没頭できて、大きな成果をあげることができるでしょう。

●●「赤い蛇」の育て方のポイント●●好きなものに集中させ、それを妨げない

「白い世界の橋渡し」

▼「白い世界の橋渡し」の親

コミュニケーション能力が高く、人と一定の距離を保ちながら、上手につきあうことができます。ただ根底に人をコントロールしたいという願望があるため、知らず知らずのうちに自分の願う方向へ誘導してしまいがちです。

また幅広い人々と交流したいタイプで、子育てというより、自分の仕事を中心に考えや

すい面があります。

仕事や自分の社会活動と子育てのバランスをどう取るかがテーマともいえるでしょう。子育てにおいては「学びの機会」に参加することです。一つのきっかけでさまざまな交流が生まれ、一歩一歩積み重ねていくイメージが描けるはずです。

●●自分を律するポイント●●大人の都合を優先させない

▼「白い世界の橋渡し」の子ども

一見、協調性があるように見られますが、実際はかなりのマイペースです。自分が人に合わせるというより、自分に合わせてほしいという思いが強くあります。

人間関係のなかで生きていく紋章でもあるのですが、その一方で、自然との接点を幼児のころから持たせてあげてください。大自然のエネルギーを存分に浴びることですべてがよみがえるはずです。

スケールが大きく、「ビッグになりたい」と思っている野心家でもあります。

「青い手」

▼「青い手」の親

鋭い分析力があり、子どもの面倒をよく見ます。ただし、子どもに手をかけすぎる傾向があります。それが子どもの自立をサポートすることになっているかを考える必要があるでしょう。自分がしてあげたいことより、子どもが望んでいるかどうかといった視点が大切です。

子育てにおいてもそうなのですが、体験を重ね、自ら味わうことでコツをつかむことに長じています。さまざまな日々のできごとがスキルアップや心の成長にもつながることを意識し、日記に記すなど整理することがおすすめです。

考えすぎると、より解決の道が遠くなります。「一つ一つ処理する」、このリズムを大切にしましょう。癒しのエネルギーの持ち主でもあります。

●●自分を律するポイント●●「あくまでもサポート」を意識し、干渉しすぎない

▼「青い手」の子ども

頭で思考するよりも、実際に体験を通し、身体で感じさせることを意識しましょう。

「モンテッソーリ教育」では指先を使うことを推奨していますが、この紋章の場合は指先を使えば使うほど、本来持っている才能が発揮されやすくなるのです。

「五感」を使う場面を意識したり、「五感」に関係する話を心がけてもよいでしょう。

また年下の子のお世話をする場面があると、感心するほどていねいに喜んでやる傾向にあります。

否定的な言葉を使わず、肯定的な言葉で育てることが大切です。

●●「青い手」の育て方のポイント●●挑戦させ、体験させる

「黄色い星」

▼「黄色い星」の親

芸術性があり、高い美意識を持っています。

「モンテッソーリ教育」においては、親の妥協をよしとしませんが、「黄色い星」の親はまさに「妥協をせず、やることはしっかりやる」というタイプです。

注意したいのは、寛容さを持つこと。たとえば小さい子どもは自分で食べるとどうしてもこぼしたり汚したりするものです。そんなときも手を出さずに見守りましょう。

子どもによって発育のスピードは違うため、人と比べることなく、ゆっくりその子に合ったペースを意識し、寛容な姿勢を持ち続けることが大事です。

また子どもと一緒に芸術や自然の美に触れる時間を増やすといいでしょう。

●●自分を律するポイント●●行動よりも根底にある子どもの「気持ち」に焦点を合わせる

▼「黄色い星」の子ども

豊かな感性の持ち主です。この感性をより育てるには、芸術作品に触れる機会を増やしてあげてください。また、本人が「心地よい」と感じる環境を体験させることも大切です。その時間が増えるほど、感性やイメージ力、クリエイティブな能力が芽を出すでしょう。能力の高い子が多いのですが、視野を広げるために、みんながそれぞれ違うということ、人それぞれによさがあるということを機会あるごとに伝えることです。広い心を持つことが、友だちとのスムーズな関係を築くカギにもなるでしょう。

●●「黄色い星」の育て方のポイント●●「芸術」との接点を増やし、より感性を磨く

「赤い月」

▼「赤い月」の親

「新しい流れ」や「時代の波」などを敏感に感じとる能力に秀でています。

一度決めたら、徹底してやります。自分の役割を感じると、すべてを賭けてそれに向かっていきます。逆に言えば、「なかなかその気にならない」という面があります。

「子育て」を始め、自分のなかに「問い」を持つと、直感とインスピレーションでイメージが浮かんでくることも多々あるでしょう。

注意したいのは、いったん自己卑下が始まると、結構長い時間浮上しないことがあることです。あまり自分へのハードルを高く設定せず、また周囲との協力関係を構築することも大切です。

●●自分を律するポイント●●自分の役割をよくよく自覚する

▼「赤い月」の子ども

自分が心から関心を寄せ、それが膨らんでいくと驚異的な力を発揮するでしょう。やるときは徹底的にやるタイプです。その反面、自分にとって価値を見出せなかったり、関心のないことには動こうとさえしないこともあります。

それだけに子どもがいま、何に興味を持ち、ワクワクしているかを、親は冷静に見きわめてあげることです。

また「赤い月」の子どもは目に見えないエネルギーにも敏感です。より前向きでポジティブなエネルギーに触れさせることも大切です。否定的な言葉はなるべく使わないほうが子育てがうまくいきます。

●●「赤い月」の育て方のポイント●●心から好きなこと、やりたいことを存分にさせてあげる

「白い犬」

▼「白い犬」の親

たいへんな家族思いで、家族のために生きているような印象を受けるほどです。ただ愛すればこその「厳しさ」があり、しつけなどもしっかりする傾向があります。

また物ごとには忠実なため、「モンテッソーリ教育」も基本に忠実に実践するでしょう。とくに親の覚悟と忍耐が必要という部分は、とても向いているように感じます。

注意したいのは、感情的になると、ブレーキがきかなくなり、ときに相手に突き刺さる一言を発してしまいがちなことです。

感情的になってしまったときは席をはずし、心を沈め、冷静になってから話すことです。

●●自分を律するポイント●●感情的にならないように留意する

▼「白い犬」の子ども

やはり家族思いの子どもです。家族と一緒にいる時間を宝のように感じます。そのため、家族の影響を強く受ける面があります。一方で、自分の意に沿わないことがあると、両親に対してもかなり厳しく言ってきたりします。

甘い環境より、ときに厳しい環境のほうが成長できるタイプです。本人もその自覚があります。ですからときには厳しく、守るものはしっかり守らせる、そんな習慣を意識してはいかがでしょう。

また訓練してくれるような部活動やサークルに入ると驚くほど成長する姿を見せてくれるはずです。

●●「白い犬」の育て方のポイント●●修練、訓練の場で著しく成長する

「青い猿」

▼「青い猿」の親

楽しいことが大好きで、喜びを見出せないと、モチベーションが一気に下がることがあります。遊び心や柔軟性があり、あまり常識や世間体にこだわらない面もあります。それゆえ、年のわりに若々しく見える方が多いのです。

いつまでも元気でいるためにも「童心に返る」ことが重要です。できるだけ子どもたちと一緒にすごしてください。するとみるみる元気になり、ひらめきやアイデアが次々に浮かんできます。

注意したいのは、深刻にならないことです。それはこの紋章の持ち味をすべて消滅させてしまいます。

また「愉快な仲間」を持つことで子育てもさらに希望が広がるでしょう。

●●自分を律するポイント●●深刻にならず、真剣に向き合う

▼「青い猿」の子ども

発想力が豊かで、いたずら好きな面があります。それゆえ制限されることが多いと、本来の能力を発揮しにくくなってしまいます。「モンテッソーリ教育」の「自由と規律」を実践することで、才能を発揮する場が大きく広がるでしょう。

あまり「整理する」ということに意識が向きにくいため、しっかり「元の場所に戻す」習慣をつくるように教えましょう。これは将来、この子の宝物になります。

何度も否定されてしまうと深刻になることがクセになるため、できるだけ肯定的な表現で接することを心がけましょう。

●●「青い猿」の育て方のポイント●●「自由と規律」をしっかり伝える

#「黄色い人」

▼「黄色い人」の親

その場の空気を読む力に長《た》けています。自分が感動したり、影響を受けたりしたことを人に話すと大きな影響力を持つことができます。

感激屋でもありますが、とてもせっかちなところもあります。

察することが得意なため、最後までしっかり話を聞かずに判断してしまうこともあります。とくに子どもの話は結論をあせらず、じっくり聞く時間を意識して設けましょう。

自分が人から何度も言われることには辟易《へきえき》するにもかかわらず、子どもに対しては、しつこく何度でも同じことを言ってしまう面もあります。確認したいのです。

注意したい点は、そのときどきの心の状態で言うことをコロコロ変えないことです。

●●自分を律するポイント●●最後まで十分に相手の話を聞ききる

▼「黄色い人」の子ども

「黄色い人」の子どもは一芸に秀でていることが多いのです。子どもの長所や得意なことに関心を持ち、そこに焦点をしっかり当ててみましょう。それを親の立場で見つけ、そこを伸ばす環境を整えてあげることが大切です。

また「生き方」に徐々に関心を示す傾向があります。そのためさまざまな偉人伝やプロジェクトの物語などに触れると、刺激を受け、前向きな気持ちになれるはずです。

通じあうことに喜びを感じるため、会話の時間を設けることです。「モンテッソーリ教育」における「声かけ」がとくに効果を発揮するでしょう。

●●「黄色い人」の育て方のポイント●●感動・歓喜を一緒に味わう

「赤い空歩く人」

▼「赤い空歩く人」の親

教育に関心がある方が多くいます。子どもの成長を感じること自体が喜びであり、自分自身の生きる力にもなるタイプです。

奉仕の精神を持ちあわせ、自分の子どもだけでなく、子どもの友だちや地域の子どもにも等しく関心を寄せることができる人です。地域のための活動なども快く引き受けます。独自の感性を持ち、子どもが発するエネルギーから何かを感じとることもできます。注意したいのは「用心深さ」です。これがあまりに強く作用すると、子どもの冒険心の妨げになることをしっかり自覚しましょう。

●●自分を律するポイント●●自分自身の経験にこだわらない

▼「赤い空歩く人」の子ども

ボランティア精神を発揮すると輝きを増します。年下の子のお世話をお願いしたりすると、とても適性を発揮し、本人の成長にもつながります。

感受性が豊かで人一倍感じやすいので、「ひとりの時間」も大切です。

一方で、空間の影響を受けやすい面もあります。そのため人工的な環境だけではなく、果てしなく青空が広がるような場所に連れて行ったり、家庭でも心地よい空間づくりをしてあげたりすることが大事です。
また不思議なものにも興味を持つ子どもです。
社交性、協調性もあるため、大人の都合で無理をさせないことです。

●●「赤い空歩く人」の育て方のポイント●●何に関心があるか見きわめ、さらに好奇心を引き出し広げる

「白い魔法使い」

▼「白い魔法使い」の親

いつもベストを尽くし、子育てにも真摯に向き合うタイプです。人からとても信頼される人です。

精一杯のエネルギーを子どもにも注入するため、ときには疲れてしまうこともあります。そこで注意したいのが「承認欲求」との折り合いのつけ方です。「自分ばかりが育児で苦労している」といった思いを持つと、ネガティブな方向へ向かってしまいます。すると不

安とともに不満な気持ちになってしまいます。

そんなときこそ、日常のなかにある「小さな幸せ」探しをできるだけ数多くするといいのです。たまには子どもを預けたりしながら、自由を満喫することもおすすめです。

●●自分を律するポイント●●「小さな幸せ」を見つけ出し、育児を楽しむ

▼「白い魔法使い」の子ども

一途にひたむきに物ごとに取り組むため、周囲からも信頼される子どもです。「白い魔法使い」は独特の「未来に対する想定（こうすれば、こうなる。ああすれば、ああなる）」をするクセがありますが、それゆえに必要以上に失敗を怖れることになりかねません。

いま活躍している方々は数多くの失敗を体験しており、失敗は最高の学びになることなどを話しながら、挑戦意欲をサポートしてあげることが大切です。

またとてもサプライズが好きなため、ときにはサプライズで歓喜の瞬間をつくり、思い出を増やすことをおすすめします。

●●「白い魔法使い」の育て方のポイント●●失敗は最高の学びにもなることを伝える

青い鷲《わし》

▼「青い鷲」の親

いつも冷静に子どもの様子を観察しています。ただし自分の勘に頼ることは危険です。しっかりと子どもとコミュニケーションする時間を取り、向き合って意見交換したり、近況を確認したりしましょう。

心の影響が強く出るタイプで、心の状態によって仕事や家事の質までが変わるほどです。ですから、いかに心の状態をよく保つかが極めて重要です。子育てにおいてもモチベーションですべてが決まるくらいです。

シビアな面があるため、ネガティブな発言には十分注意が必要です。それが多くなると、子どもや家族の前向きな気持ちを減退させることになりかねません。

●●自分を律するポイント●●マイナスエネルギーを感じるものは「見ざる・言わざる・

聞かざる」

▼「青い鷲」の子ども

気持ちが落ちつくと冷静な判断ができます。好き嫌いや、「やりたい・やりたくない」がはっきりしているため、気が向かないことには力が入りません。

大切なのはいかに「やる気」を引き出すかです。いざその気になると、見きわめる力が動き出し、目覚ましいほどの勉強量をこなすでしょう。

モチベーションを長く高い状態に保つために「何のためにやるか」といった意義づけがとても大切になります。しっかり「声かけ」をしながらそこを確認することです。

●●「青い鷲」の育て方のポイント●●「テーマ」を決め、焦点を絞る

「黄色い戦士」

▼「黄色い戦士」の親

どんな価値観を持っているか、何を考えているかがわかりやすい親。ごまかしがききにくいのです。その部分が魅力でもあり、逆に失望される要因にもなってしまいます。また、実直で、自分の気持ちをそのまま伝える人でもあります。

チャレンジ精神が豊富で、新しいことにも果敢に挑んでいきます。それは実に見事なものです。

ただし、たまに「自問自答」を繰り返し、いつまでも行動に移さない方もいます。行動に移さないと、この紋章の魅力が表に出てきません。自分自身の未来や周囲を信じて行動しましょう。

●●自分を律するポイント●●責める気持ちをいっさい捨てる

▼「黄色い戦士」の子ども

果敢に挑戦を続ける子どもです。そこで学ぶことは極めて多いはずです。

また親に「なんで?」「どうして?」と、さまざまな質問を浴びせてくる子もたくさんいます。これは「自問自答」するクセがあるのと、「納得したい」という思いからくるものです。

年齢に応じ、資格に挑戦させるのも面白いかもしれません。結果が出ると、そこで達成感を感じたり、あるいは反省があったりと、教えられることは数多くあるでしょう。いわば戦友「黄色い戦士」の子どもは「友だち」とともに奮闘することが力となります。

のような友だちに恵まれるとチャンスが広がるでしょう。

●●「黄色い戦士」の育て方のポイント●●友だちを通じて学ぶ

「赤い地球」

▼「赤い地球」の親

心のつながりを強く求めるため、絆《きずな》を感じる人の影響を大きく受けます。

過去を引きずりやすい面があるため、それがプラスに作用するように持って行かないと、「いま」を生きられなくなります。

本来バランス感覚に秀でているため、人から相談されることも多いでしょう。

ここで大事なことは「自分の軸」です。これがある程度、定まっていないと、バランス感覚が失われてしまいます。「モンテッソーリ教育」は軸をつくり、さらに確たるものにするチャンスを届けてくれるものです。

また自分のリズムにこだわる傾向にあるので、子どもに合わせることも必要です。

●●自分を律するポイント●●子どものリズムに合わせる

▼「赤い地球」の子ども

子どもたちの間でご意見番のような存在で、頼りにされることもよくあります。

自分の生活などのリズムを崩されることを嫌うため、そのリズムを極力尊重してあげることが大切です。ただ社会生活は、そればかりでは不適合ともなるため、規律はしっかり守らせることを意識づけておくことです。

たとえ口数が少なくとも、根底には「語り合う」ことで「つながり」を感じたいと思っています。タイミングを見ながら、語らいの時間をたっぷり取ることで信頼がさらに増すでしょう。

●●「赤い地球」の育て方のポイント●●語り合うなかで、深い絆を結ぶ

「白い鏡」

▼「白い鏡」の親

「ルールや約束を守る」「子どもを守る」という意識がとても強い傾向があります。「モンテッソーリ教育」における「規律」「秩序性」にそのままそっくりはまるイメージです。

気をつけたいのは、「家庭とは？」「子育てとは？」など、自分で勝手に正解をつくり、定義づけし、自分で苦しくしてしまうことがあることです。

自分にかけている制限が必要かどうか見直し、意味のない制限をはずすことです。自立心が強いので、子どもに対して過干渉になることはあまりないでしょう。子どもに対しても自立心を持ったたくましい子どもに育てたいと考える人が多いはずです。

●●自分を律するポイント●●「規律」とともに子どもの「自由」に目を向ける

▼「白い鏡」の子ども

自立心が強く、あまり親に甘えるといった習慣がありません。またルールや約束を守らないことに対し、かなり手厳しいでしょう。友だちとの関係が悪化しないよう、人の価値観はそれぞれであること、人にはいろんな事情があるといったことを、しっかり教えることが大切です。

子どもの枠を広げるためにも、海外でのホームステイ、留学、旅行など「未知なる体験」を味わえる工夫をしてあげてはいかがでしょう。異文化に触れることで枠が吹き飛び、この紋章の無限のエネルギーを浴びるごとく道がひらけるのです。

●●「白い鏡」の育て方のポイント●●未知体験をさせ、見識を広げる

「青い嵐」

▼「青い嵐」の親

働き者で、寝なくても平気なくらい仕事に打ち込むというタフな面があります。子どもに対しても自分がやったほうが早いとばかり、待つことをせず、自分ですべてやってしまいかねません。「モンテッソーリ教育」の理念でもある「子どもに選択させること」を徹底するよう意識しましょう。

思い入れが強く、惚《ほ》れ込んだものには強烈なエネルギーを注ぎます。その分、思い込みも激しいので、常に客観的な意見を言ってくれる人がそばにいるといいのです。子育てのすべてを自分でやろうとするのではなく、先人の知恵を借りて祖父母などに任せ預けてみましょう。その効果ははかりしれません。

●●自分を律するポイント●●あくまで子どもの選択をサポートすることを意識する

▼「青い嵐」の子ども

パワフルでエネルギッシュな子どもです。そのため、十分にエネルギーを消耗させることが重要です。これをすると少し落ちつきを取り戻すでしょう。

とても大切なのが「モンテッソーリ教育」にも登場する「味覚教育」です。味に極めて敏感なため、幼児期にどのような味覚と出合ったかが重要になります。生涯健康を維持するためにも、より「自然に近いもの」「加工を施していないもの」を口にすることがおすすめです。

また「青い嵐」の子どもは「理解される」ことで力を発揮するため、子どもの気持ちを察し、少しでも理解することに時間をさきましょう。それが子どもの大きな活力になります。

●●「青い嵐」の育て方のポイント●●エネルギーを発散させ、心を落ちつかせる

「黄色い太陽」

▼「黄色い太陽」の親

責任感が強く、頼りになる存在です。「モンテッソーリ教育」では親の「一貫した姿勢」の大切さを説いていますが、「黄色い太陽」の親は普段から「一貫性」を重視しています。そのため安定感があります。

自分の子どもにおいては、きょうだいに対して驚くほど公平で、自分の感情や好き嫌いで接し方を変えることはまずありません。

注意したいのは、子どもに対し、完全に上からの視点で接しやすいということです。「子どもは親の言うことをただ聞いていればよい」といった思いがどこかにあるのです。「子どもから教わることもたくさんある」と思って接するぐらいでちょうどいいのです。

●●自分を律するポイント●●「子どもは生まれながらに自分を育てる力を持っている」ことを実感する

▼「黄色い太陽」の子ども

生まれながらにしっかりしていて大人びた子どもです。責任感も強く、友だちからも一目置かれる存在でしょう。

いちいち言われたくないという気持ちがあります。子ども扱いせず、ひとりの人間として接し、細かいことを口うるさく言わないことです。また「モンテッソーリ教育」にもある「お手伝い」をしっかりお願いすることで、著しく成長するでしょう。人の役に立つ喜びを実感すると、必然的に自己肯定感が高まります。

●●「黄色い太陽」の育て方のポイント●●お手伝いをひんぱんにていねいに頼む

紋章の持つ意味を子育てに活かすということ

それぞれの紋章の持つ意味をご紹介してきました。ご自分とお子さんとでは、紋章の特性がかなり違うことに驚かれた方も多いと思います。

たとえば、親はスキンシップが大好きで、子どももとベタベタしたいタイプなのに対して、子どもはどちらかというとクールで自立心が強いとか、あるいは親は子どものことをなんでも知りたがるのに、子どもは我慢してしまうタイプで、なかなか本当のことを言わないなどといった具合に、親子でもかなり違いがあるものです。

これは「相性の良しあし」ではありません。こうした特性を知ったうえで子育てをおこなうことがなにより重要なのです。ぜひこの大いなるマヤの叡知を「モンテッソーリ教育」に活かしていただきたいと思います。

第3章

子どもの力がグングン伸びる モンテッソーリ教育

ヘルナンデス真理

「モンテッソーリ教育×マヤ暦」で最強の子育てができる

「マヤ暦の世界」はいかがだったでしょうか。

自分の子どもの「本当の姿」「魂の望み」を知って、「なるほど」と腑に落ちた方、「自分にはこんな面があったのか」と驚かれた方もいらっしゃるかと思います。

マヤ暦を学ぶ方、みなさんがおっしゃるのは「マヤを知ると生きることがラクになる」ということです。自分の本質、魂の望んでいることを知ると、ありのままの自分を受け入れることができます。すると迷いがなくなり、自分を幸せにする方法がわかるのです。

それは子育てにおいても同様です。

自分と子どもの本質、魂が求めているものを知ったうえで、モンテッソーリの教育法をおこなえば、真の意味で子どもの個性を活かした子育てができると思います。

本章では、モンテッソーリ教育を実践するための基本的な考え方をご紹介していきます。

大事なことは「モンテッソーリ教育の考え方と心がまえ」を知ること

モンテッソーリがほかの教育法と違うのは、「パターン化」ができないというところにあります。

「朝起きたらこれこれこれのことをおこない、午前中は○○についてお勉強しましょう。午後はこれこれをして……」といったマニュアルが何もないのです。

逆にマニュアルがあったのでは、従来の学校教育と同じになってしまいます。

モンテッソーリ教育ではあくまでその子に合わせて、最適なプログラムを実施します。ですから最初はとまどってしまうかもしれませんが、まずは「モンテッソーリの心がまえと考え方」をしっかりふまえていただければ、ご家庭でも取り入れることができます。

むずかしく考えなくても、子どもが楽しそうに、驚くほど集中して取り組んでいれば、それはもうモンテッソーリ教育が十分に達成できているということです。

「発達の4段階」を知り、それに合わせた子育てをおこなう

第1章で述べたようにモンテッソーリ教育は子どもの発達を四つの段階にわけて考えます。

第1段階が0歳から6歳までの幼児期（前半・後半）、第2段階が6歳から12歳までの児童期、第3段階は12歳から18歳までの思春期、第4段階は18歳から24歳までの青年期です。

この段階に合わせた教育をおこなうことがなにより重要とされます。

■0歳から3歳まで（幼児期　前半）

0歳から3歳までは、人間の成長においてもっとも重要な時期です。この時期は言葉、日常生活、運動、文化などあらゆることをグングン吸収します。

⬇モンテッソーリ・ワード「吸収する精神」Absorbent mind

3歳までは「無意識的吸収」といって、よい、悪いにかかわらず周囲の環境からスポンジが吸収をするようにさまざまな知識を学び取ります。これは自然なプロセスとして、特別な努力なしに脳が無意識にどんどん吸収するものです。

■3歳から6歳まで（幼児期　後半）

3歳までに築いた基礎を発展させる時期です。

3歳までの無意識的吸収から、意識して吸収する精神・理由づけする精神が発達してきます。

集団の中における社会性も培《つちか》われていきます。

■6歳から12歳まで（児童期）

好奇心と想像力がめきめき育ち、興味を持ったことをどんどん研究・探求するようになっていきます。

■12歳から18歳まで（思春期）

大人に向かって心身ともに大きく変化する時期。知的な関心事だけでなく、社会の中の一員ということを意識するようになります。

■18歳から24歳（青年期）

右記の発達段階を経験することで、社会の中で自分がどんな職業につくか、どう社会に貢献するかを考えるようになります。

モンテッソーリの基本理念を知ろう

モンテッソーリ教育にはマリア・モンテッソーリが考案した「子どもの能力の伸ばし方」があります。ここではそれを「七つの基本理念」としてまとめました。

「子どもは生まれながらに自分を育てる力を持っている」ことを認識する

これはモンテッソーリ教育の土台となる考え方です。

大人は「子どもは無力で何もできない」と考えがちですが、子どもはやり方を知らないか、あるいはそれができない環境にあるだけなのです。

環境を整えて、やり方を教えれば、子どもはなんでもできるようになります。事実、赤ちゃんは誰に教わらなくても寝返りを打ち、ハイハイを覚え、つかまり立ちをし、歩くことができるようになっていきます。これを「自己教育力」といいます。

子どもが夢中になる遊び、お手伝いなどを通して、子どもの「自己教育力」を最大に発揮できるよう援助するのが大人の役目です。

子どもは生まれながらに「知りたい」「学びたい」という意欲を持っていて、「やりたい」と思ったことを存分にやることで能力が育っていくのです。

大人に飲ませてもらうのではなく、自分でコップを使って飲みたい、飲みものをコップに注ぐのもやってみたい、ひとりで着替えたい、顔も自分で洗いたいなどなど、「自分の手」を使ってやってみたいのです。
大人は子どもに教えたり、やらせたりするのではなく、子どもがやりたいと思ったことを助けるサポート役に徹します。

マヤ暦で読み解くと……

「子どもは生まれながらに自分を育てる力を持っている」という視点に立てば、親にとって大切になるのは「待つ」という行為です。
これは忍耐にも通じることです。「太陽の紋章」だけでは一概に断定できませんが、せっかちな要素を持っている「黄色い人」、また手助けしてしまいやすい「青い手」「青い嵐」などはとくに注意が必要です。

モンテッソーリの基本理念❷

「自由と規律」を教える

モンテッソーリでは「子どもは好きなことを、好きなだけおこなう自由を持っている」と考えます。好きなことを好きなだけおこなうことで、子どもは持てる可能性を最大限に開花させていきます。

ところが「自由」のためには、「規律（制限）」が必要です。他人に迷惑をかけないこと、他人を傷つけるようなことはしてはいけないこと、あるいは安全と健康に関することなど、必ず守らなくてはならないことです。

たとえばお教室内では、好きなおもちゃで自由に遊んでいいのですが、終わったら片づけるのが規律です。またほかの子が遊んでいるおもちゃで遊びたいときは、その子が遊び終わるまで待つこと、これも規律です。

規律があるからこそ自由があり、子どもたちは社会性を身につけていくのです。ここでも自己肯定感が大事になってきて、自己肯定感をしっかり持った子どもは自然と規律も守れるようになります。

ただし、1歳以下の子どもについては規律（制限）を与える必要はほぼありません。規律（制限）を考える必要があるのは歩き始めたときからです。歩き始めの子どもは制限を超えることで、どこまでが許されるのかという限界を知ろうとしているためです。子どもは環境（大人も環境の一つです）から自然に学んでいきます。

⬇モンテッソーリ・ワード「一貫性」Consistency

規律を教えるときは「一貫性」を持たせることが大事です。

たとえば、シートベルト。6歳未満の子どもはチャイルドシートの使用義務がありますが、これを嫌がって大泣きする子がよくいます。ときどきはチャイルドシートを使わずに大人が膝にだっこして乗っている姿も見かけます。

でもアメリカでは、子どもはチャイルドシートに乗せることが絶対です。これはもう赤ちゃんのときから「車に乗るときはチャイルドシートを使う。絶対にだっこはしない」と一貫して決めているからです。泣いても下ろしてもらえないことがわかれば、子どもはおとなしく乗るようになります。大人の一貫性のある態度が大事です。

子どもが泣きわめいたとき、「かわいそうだから」「もう無理だから」と言って下ろしてだっこしてしまったら、子どもは「泣けば下ろしてもらえる」ことを学んでしまいます。

子どもに泣かれるのはつらいものですが、ここで例外をつくってしまうと規律を教えることができません。

マヤ暦で読み解くと……

「自由と規律」をセットで教えることがポイントです。紋章によって、この二つにバランスが偏りやすいものがあります。規律に重きを置くのは「白い犬」や「白い鏡」に多いでしょう。

「子どもはおおよそ3歳までに、大人の態度を見て言葉や生活の基本を覚える」ことを認識する

子どもは大人のマネをすることで、言葉や生活に必要なスキルを覚えていきます。ですから大人が見本、大人がロールモデルであることを意識する必要があります。

大人は日常生活のすべてにおいて子どもの規範となるよう努めましょう。規則正しい生活をする、掃除をして家をきれいに整える、お風呂やシャワーで身体を清潔にする、挨拶をする、正しいマナーで食事をとるなど。

逆に人の悪口を言う、道路にごみを捨てる、暴力を振るうなどは、子どもの発達に対する悪影響が強すぎます。

言葉づかいも大事です。できるだけきちんとした言葉づかいをして、汚い言葉、暴言は慎みましょう。

また子どもの見ている前では夫婦ゲンカは避けましょう。夫婦ですからときには腹の立

つこともあるでしょうが、夫婦ゲンカは子どもの発達にたいへんな悪影響を与えます。いったん我慢して、子どもの見ていないところでおこなってください。

モンテッソーリの基本理念❹

敏感期に応じた育て方をする

モンテッソーリでは「敏感期」を子育ての大きな軸とします。

「敏感期」とは前述のように、幼児期に何らかの物ごとに対して、特別に関心を持ち、敏感になる時期のことです。敏感期には子どもは同じ活動を繰り返しおこなうという現象が起こります。

この敏感期に起こる現象こそ、子どもの能力がグーンと伸びる要因といわれているのです。敏感期は発達中の子どもに起こる現象です。

敏感期はおおむね6歳ぐらいまでにあらわれるとされ、年齢によって以下のようなものがあります。

・秩序の敏感期（6カ月～3歳ぐらいまで）
物ごとの順番や置かれている場所に興味を持ちます。

・感覚の敏感期（3～6歳ごろ）
「視覚」「聴覚」「味覚」「嗅覚」「触覚」の五感にもっとも敏感になる時期です。

・運動の敏感期（6歳ぐらいまで）
自分の身体を動かすことすべてが運動であり、身体を思い通りに動かすことやバランスをとったりすることを学ぶ時期です。子どもは動きながら学びます。

・言語の敏感期（6歳ぐらいまで）
言葉を覚え、発語したり言葉づかいを理解したりする時期です。

「敏感期」には、子どもは同じことを繰り返しおこなったり、こだわりを持ったりします。また言葉が発達すると「○○はどうしてこうなの？」「なぜ○○なの？」などと、大人を質問攻めにしたりします。

大人になってみれば「なぜそれにばかりこだわるのかな」「同じことを繰り返して飽き

ないのかな」と思ってしまいますが、子どもにとっては発達のためにとても重要なことです。

もっとも大事なことは、「敏感期」というものがあることを認識し、子どもがその時期に何に興味を持っているかをよく観察し、その能力を伸ばすための手助けをすることです。子どもはまだ自分の気持ちを言葉で十分にあらわすことができません。だからその子がいまどんなことに興味を持っているのか、大人が観察して、「察してあげる」ことが大事なのです。

モンテッソーリの基本理念❺

否定しない・認めてあげる

モンテッソーリでは、子どもが間違えても決して否定をしません。どんなときも最初は受容します。

たとえば子どもが「にんじん」を「にんにん」と言っているとき、「そうね」といったん受容してから、「にんじん」と言い直します。

「それはにんにんではないよ」と否定するのではなく、「そうね」といってから「にんじんだね」と繰り返して正しい名前を言うことで、子どもは自然と自分で間違いに気づきます。


あるいは、子どもが自分でお着替えをして服を後ろ前に着ているとき。3歳未満までは何も言いません。子どもが「自分でできた」という達成感を持たせるためです。

しかし、おおよそ3歳からは「○○ちゃん、お洋服の前と後ろが逆だと思うんだけど、どうする？　着替える？」と聞きます。


そこで子どもが「着替える」「手伝っていい」と答えたら、手伝って着替えさせます。

それを自然と繰り返しているうちに、子どもは前後の区別がつくようになってきます。

「前と後ろが反対だよ」とは決して言いません。これは否定していることになるからです。

その代わり「お洋服の着方が何か違うと思うけどそれでいい？」というような言葉がけをします。


それからモンテッソーリ教育では「必要以上にほめる」こともしません。

「わー、上手にできたね！　すごいすごい！」と手をパチパチ叩《たた》いてほめていると、子どもは何か一つやるたびに大人の顔を見て、ほめられるためにやるようになってしまいます。

ではどうするのかというと、「認めてあげる」ことです。

「よくできたね」「全部できたね」と認めてあげるのです。

それだけで子どもは十分に満足します。

⬇モンテッソーリ・ワード「間違いの自己訂正」Control of error

子どもは大人から言われなくても自分で間違いに気づく力を持っています。

また間違いに気づいたとき、「自分で」訂正したいと思っているのです。

このときに大人から「そうじゃないよ」「違っているよ」と否定されると、子どもの尊厳は傷つきます。

また、モンテッソーリ教育の教具は、自分で間違いに気づくことができるよう工夫がされています。

マヤ暦で読み解くと……

とくに承認してあげていただきたいのは、親も子どもも「赤い蛇」と「白い魔法使い」です。この二つの紋章は承認欲求が満たされると、驚くほどの能力を発揮する傾向にあります。

モンテッソーリの基本理念❻

子どもをひとりの人間として尊厳を持って接する

「子どももひとりの人間として認め、尊厳を持って接する」というのがモンテッソーリ教育の大事な考え方です。

子どもに対して「子どもだから」「まだ理解できないから」と子ども扱いしたり、バカにしてはなりません。ましてや子どもを大人の所有物として扱ったり、子どもを意のままに動かそうとしたりするのはもってのほかです。

たとえば子どもと一緒に何かをしているときに、電話がかかってきたり、トイレに立つときは、黙って席を離れるのではなく、必ず一声かけます。

大人と話をしているときに、電話に出たり、トイレに立ったりするときは黙って離席しないですよね。「ちょっと電話に出させて」「トイレに行ってくるね」と断るでしょう。それと同じです。

また子どもの手をとって教えるときも、いきなり触るのではなく、「手を触っていい?」と必ず聞きます。これも相手が大人だったら、いきなり手をとって「こうだよ」とやりませんよね。

ようするに、相手が大人だった場合にとる態度を、子どもに対しても同じようにとるということです。

マヤ暦で読み解くと……

とくに「黄色い太陽」「白い風」といった紋章は、「子ども扱いしてほしくない」という思いが強い傾向があります。ところがこれらの紋章は子どものときは「子ども扱いしてほしくない」と思っているのに、自分が親になると、自分の子どもを子ども扱いする傾向が見られます。ここはちょっと注意したほうがいいかもしれません。

モンテッソーリの基本理念❼

「秩序感」を育てる

モンテッソーリでは「秩序」に注目し、秩序感を育てる働きかけをします。

たとえば、ものはあるべき場所に置く、持ち主をはっきりさせる、同じ順序でおこなうなどといったことです。

２歳ぐらいになると「イヤイヤ期」といって、なんでもイヤイヤをするようになります。服を着るのもイヤ、ベビーカーに乗るのもイヤ、おむつを替えるのもイヤという具合です。これはどういうことかというと、あるべきところにあるべきものが置かれていなかったり、順序が違ったりするから子どもは「イヤ」なのです。

これは「秩序の敏感期」だからこそ起こることなのです。

たとえば靴下を左足からはきたいのに、大人が右足からはかそうとするから「イヤ」、自分で歩いて車に乗りたいのにだっこされて乗せられたから「イヤ」といったように、秩序を崩されるから反抗するのです。でもそこを言葉でうまく説明できないから、全部「イヤ」という表現になってしまうのです。

ですからモンテッソーリ教育では、子どもの秩序を育てるために、あらかじめ「環境」を整えます。

具体的には「生活の四つのエリア」を決めて、すべてそこでおこなうようにします。寝る場所はここ、お着替えはここでする、ごはんはここで食べると、場所を決めるのです。ものの置き場所も決まっていたほうがいいのです。

また「このお皿はお母さんのもの」「これは○○ちゃんのコップ」と、ものの所有者をはっきりさせることも大事です。

それから、とくに3歳までの間は、「1日の流れ」も決まっていることが大事です。

朝起きたらトイレに行って顔を洗って、それからお着替えをする。

朝ごはんの後は20分間、テレビの幼児番組を見て、それから帽子をかぶって靴をはき、公園に遊びに行く……という具合にルーティンを決めておきます。

大事なことは、まわりにいる大人が秩序を共有しておくことです。

「ママは靴を右からはかせてくれるけど、パパは左からはかせようとする」とか、「パパとママでは保育園に通う道が違う」となると子どもは混乱します。

あるいは子どもが泣く理由が「おばあちゃんがお水を出してくれたけど、自分のコップではないからイヤ」ということだったりするのです。

子どもは「いつも同じ（＝秩序正しいこと）」を求めているのです。

日常生活の中で「秩序」があることによって、子どもは安心して自分の環境に溶け込み、そこを基軸として世界を広げていくことができます。

また順序立てて物ごとをとらえることができるようになり、そこから知性が育っていくのです。

秩序感を育てる「四つのエリア」

ではは家庭の中でどのように四つのエリアをわければいいかを説明しましょう。
日本の住宅は狭いので、必ずしも用途ごとに部屋をわける必要はありません。
一つの部屋の中で専用のスペースを決めればＯＫです。

■誕生～5カ月

生まれたての赤ちゃんの時期から秩序を育てていきます。スペースを以下の四つにわけて、赤ちゃんのお世話はすべてその場所でおこなうようにします。

1　寝る場所
2　身体の世話をする場所（お着替え、おむつを替える場所）
3　授乳の場所
4　運動する場所（活動場所）

■5カ月～12カ月

おすわりができたり、ハイハイができたり、つかまり立ちを始めたりと、活動が活発になる時期です。運動する場所では、あぶないもの、邪魔なものは片づけて、赤ちゃんが自由に動き回れるようにしてあげましょう。

1　寝る場所
2　身体の世話をする場所（お着替え、おむつを替える場所）
3　食事の場所（離乳食を食べる場所）
4　運動する場所（活動場所）

■12カ月～36カ月

歩けるようになって、世界が広がり始める時期。四つのエリアの基本は5カ月～12カ月と同じですが、それとは別に以下の場所の環境を整えましょう。

玄関

子ども用のイスを置き、座って靴をはけるようにします。

靴、帽子、傘、レインコート、長靴など、外出時に必要となるものを決まった場所に置き、子どもが自分で準備できる環境をつくります。

リビング

家庭によって環境が違いますが、子どもも家族の一員として、リビングですごせるよう場所をつくってあげます。おもちゃは専用の場所に、いま興味を持っているおもちゃ3～8個を秩序立てて並べて置きます。遊んだらその場所に片づけさせます。

おもちゃ箱にすべてのおもちゃを入れてしまうと、遊ぶたびにすべてのおもちゃをひっくり返すことになり、部屋が片づきません。

いま出ているおもちゃに飽きたら、別のおもちゃと入れ替えます。こうすれば部屋も散らからないし、子どもはまた新鮮な気持ちでおもちゃを使って遊びます。

キッチン

子どもが自分で飲みものやおやつを用意できるように整えます。手が届くところにコップやお皿を置きましょう。タオルやせっけんは、子どもの扱いやすいサイズのものをそろえてあげます。

また料理や食事の準備をお手伝いできるよう、シンク前には踏み台を用意します。

洗面所

洗面所も踏み台を用意し、子どもが自分で手や顔を洗えるようにします。歯ブラシ、タオル、せっけん、ハンドソープなども子ども用のサイズのものをそろえ、手の届くところに置きます。

寝　室

ベッドは子どもがひとりで上がったり下りたりできる高さに調整します。寝室は家庭によってそれぞれ違うでしょうが、子ども用のクローゼットを置くなどして、自身で服を選べるよう整えましょう。服は子どもの手の届く高さに入れておきます。

屋外

屋外では自由に高いところに登ったり、走り回ったりすることで運動能力が促されます。また自然に触れる機会をできるだけつくりましょう。動物の世話をしたり、植物を育てたりすることで生命の大切さを学ぶことができます。

発達段階ごとの教育内容

モンテッソーリ教育では子どもの発達段階に合わせて、さまざまな分野の教育をおこないます。

ここではどのような分野があり、それを幼稚園・保育園ではどのような教育プログラムにおいておこなわれているのかをご紹介しましょう。

さらにそれに合わせて、家庭ではどのように活かせばいいのかアドバイスしていきます。

0〜3歳

*粗大運動

粗大運動とは、腹ばいで移動するほふく前進のようなずりばいや、歩行など、大きな動き全般のことです。さまざまな環境や器具を整え粗大運動を獲得できるように働きかけます。

家庭では▼家庭の中では危険なものを取りのぞき、自由に動き回れる場所を確保しましょう。

*微細運動

握る、つまむといった手や指を使った細かい動きのことです。つかむ、握る、叩く、つまむ、つまんだものを落とすといった活動のプログラムを通して微細運動の獲得を促します。

家庭では▼「豆をつまむ」「つまんだものを落とす」など、できるだけ指を使った動きをさせましょう。

⬇モンテッソーリ・ワード「動きの洗練」Coordination of movement

子どもは、腹ばい、四つんばいといった粗大運動から発達を始め、次につまむ、握るといった微細運動が加わり、それらをより洗練させていきます。

モンテッソーリ教育ではこの運動の洗練がより進むように、積極的に働きかけます。

＊日常生活の練習

日常生活はモンテッソーリ教育の基礎といえます。「お皿を運ぶ」「コップで水を飲む」など、日常生活の活動を通してさまざまなことを学べるようプログラムが用意されています。

家庭では▼できるだけ自分のことは自分でできるようにし、また積極的にお手伝いをさせましょう。

＊言語教育

この時期は言葉を覚え、どんどん吸収する時期です。発達段階ごとに細かいプログラムがあり、言葉の発達を促します。
日常生活の練習や感覚教育、音楽教育などすべてが言語教育へとつながります。

家庭では▼赤ちゃんに「おむつ、替えようね」「トイレに行くから待っていてね」と一つ一つ話しかけてあげることが大切です。また、初めて子どもが目にするものがあれば、その都度、名称を教えます。できるだけ正しい言葉、美しい言葉を使うようにしましょう。

＊感覚教育

手で触る、耳で聞く、味わうなど、五感を使う教育です。見る、触る、聞く、においをかぐといったさまざまな感覚教具を通して感覚を洗練させます。

家庭では▼たとえばりんごを出して、「りんご」と「耳で聞いて」、「目で見て」「触って」「においをかぐ」、その後おやつとして「食べる（味わう）」といったように、五感に訴える働きかけをおこないましょう。
また外で砂遊びをしたり、自然に触れたりすることも大事な感覚教育となります。

＊音楽教育

子どもは音楽が大好きです。一緒に歌ったり、踊ったり、リズムをとったりしながら、音楽への興味を深めます。

家庭では▶歌を聞かせる、タンバリンや鍵盤《けんばん》を叩くなど、できるだけ音楽に触れさせましょう。

＊美術教育

お絵かきや粘土をこねるなど、自由に表現することでアートの感覚が磨かれます。目で見て手を動かすことが大事です。

家庭では▶お絵かきをしたり、粘土をこねたりなど、好きなだけ活動させてあげましょう（この段階では思うままに描いているだけなので、子どもの描いたものに対して「これはなに？」と聞くことはしません）。

3～6歳

3歳から6歳は、0歳～3歳で培ったものがさらに発達していきます。主に五つの教育分野があります。

＊日常生活の練習

3歳以降は大人がやっていることを見て学ぶという、意識的な活動ができるようになり、さらに動きが洗練されていきます。より高度な活動をおこなうことで環境への適応をはかっていきます。

家庭では▼「包丁を握って果物を切る」「お皿を洗う」「ぞうきんがけをする」など、少し難易度の高いお手伝いに挑戦させてみましょう。「子どもはできない」のではなく、「使い方を知らないだけ」です。使い方を見せれば、子どもはできるようになります。

＊感覚教育

3歳までは無意識に吸収してきたことが、意識的にできるようになり、選別ができます。この段階でさらに高度な活動をおこなうことで、知性や情緒が発達していきます。

家庭では▼三つから五つのフタのついたそれぞれの小瓶に違うにおいのするものなどを入

れ「これはシナモン、これはレモン、これはバニラオイル」などと名称を伝え、においをかがせ、その次ににおいを当てさせます。あるいは「中が見える袋にフォークやスプーンを入れて、触感だけで何かを当てさせる」など、感覚器官を研ぎすます働きかけをしてみましょう。

＊言語教育

この年齢は「言語」の敏感期です。4歳半ぐらいになると「読み・書き」ができるようになってきます。語彙《ごい》を豊かにし、正しい文法を身につける活動を促します。

家庭では▼本を読んだり、文字を書かせたりする働きかけをおこなってみましょう。

＊算数教育

子どもは数字も文字の一つとして認識し、数に興味を持ち始めます。例として鉛筆を1本持たせて「これが1」、2本持たせてこれが「2」というように、具体的な体験・体感を通して数を認識させる教育をおこないます。

家庭では▼鉛筆を使って「1本と1本が合わさって2本になる」というように、「目で見て触る」という、実際の体験・体感を通して数の概念を覚えさせましょう。これで数や計算を覚えた子どもはテキメンに算数が得意になります。

⬇モンテッソーリ・ワード「具体から抽象へ」Concrete to abstract

子どもの発達は「具体から抽象へ」と進みます。

たとえば実物の「りんご」を持たせて、重さを感じ、形を認識し、においをかいで「りんご」と認識します。その後、発達の段階をふむと、りんごの絵や写真を見せたとき「これは本物ではないけれど、りんごを示している」とうように「具体から抽象」に理解が進むのです。

これは「算数教育」においても同じです。数や計算を覚えるためには実際の具体的な経験から始めて、そこから抽象化していくことが重要です。

ところが現在の学校教育は、具体的な経験・体感が乏しいままに、「1、2、3」という数字の並びや、「1＋1＝2」という計算など、いきなり抽象的な計算を教えてしまいます。これでは子どもは単に数や計算を暗記しているだけで、本当の意味での理解とはいえません。意味もわからないままにお経を覚えているようなものです。

鉛筆2本、りんご三つといった、「実物の集まり＝量」を実体験を通して理解してこそ、初めて数の概念が身につくのです。

モンテッソーリ教育では視覚や触覚といった感覚を使って、「量」を体験します（感覚教育）。ここから始めると、算数の基礎的な考え方が理解できます。ひいては数学的で論理的な思考を身につけることができるのです。

この「算数教育」で学ぶと、少なくとも極端な「数学嫌い」にはならないことでしょう。

私自身も数学が苦手で学生時代は苦労しましたが、モンテッソーリ教育で算数を学んでいたらどんなによかったかと、今さらながらに思う日々です。

＊文化教育

言葉と数以外にも歴史、地理、地学、生物など、この時期になると子どもはたくさんのことに興味を持ち始めます。子どもの興味に合わせてさまざまなプログラムが用意されています。

家庭では▼たとえば地球儀や、地図を利用して大陸の名前や国の名前を覚えるなど、子どもの興味のおもむくままにどんどん吸収させていきましょう。

⬇モンテッソーリ・ワード「宇宙教育」Cosmic education

モンテッソーリでは宇宙的ビジョンに立つことで、宇宙にあるすべてものが関連しあっていることを理解し、社会と世界における自分の位置を把握することにつなげていきます。

宇宙のしくみや地球の成り立ち、人類の誕生、地球の自然現象についても学びを促します。この宇宙教育もモンテッソーリのユニークな点です。

第4章

やってみよう！
家庭でできる
モンテッソーリ教育

ヘルナンデス真理

日常生活こそがモンテッソーリ教育の実践の場所

本章ではご家庭の日常生活において、どのようにモンテッソーリ教育を取り入れればいいかについて述べていきたいと思います。

「モンテッソーリ教育を家庭で取り入れたい」と考える親御さんは非常に多くいらっしゃいます。

もちろんモンテッソーリ教育の理論を学ばれたり、教具をそろえたりするのも結構なのですが、特別なことをしなくても、モンテッソーリ教育はご家庭の「日常生活」の中で十分、実践できます。

ここでは主に0〜3歳までの発達段階に合わせて、家庭においてどのようにモンテッソーリ教育を取り入れればいいか、ご紹介していきたいと思います。

ただし、0〜3歳とは言っても、年齢はあくまで目安であって、これにこだわる必要はありません。子どもの発達はそれぞれです。

また3歳以上の子どもで、初めてモンテッソーリ教育を実践する場合も、この章で参考にしていただけることがたくさんあると思います。年齢にとらわれずに、柔軟性を持って取り入れていただければ幸いです。

0歳〜

赤ちゃんの動きを制限しない

赤ちゃんが電車の中で泣いています。見るとお母さんにだっこひもでしっかりだっこされています。

おっぱいが飲みたい、眠いという理由なのかもしれませんが、赤ちゃんは自由に動き回りたくて泣いていることも多いのです。だっこひもは夏だと暑いし、窮屈ですよね。自由に動けないからかんしゃくを起こすのです。

だっこひもや歩行器をひんぱんに使うと赤ちゃんの発達を妨げてしまいます。歩行器に長時間入れられている子どもは、ハイハイをしないことが多いのです。ハイハイをする必要がないからです。

ハイハイは身体機能の発達の大事なステップです。ハイハイをしないと、歩き始めるのが遅くなる場合があります。また転んだときに手をつかない、つまり手が出ないのです。歩行器に入れられることで、身体の内的、外的からくる空間のイメージ（身体図式）がつかめなくなります。「身体図式」は、主に触覚と運動を伴った経験で形成されていきます。歩行器を使うと、付属しているテーブルを含めたものを「身体図式」と認識してしまうのです。だから歩行器を使用しなくなると、それまであったテーブルがなくなるので自分で止まることができず、壁にぶつかるまで歩き続けたりしてしまうのです。それらの訂正に時間がかかるため、歩行器を使用しない子と比べ発達が遅れてしまいます。

大事なことは「歩行器に入れておけばラクだから」「だっこしたら手っ取り早いから」と大人の都合で子育てをしないことです。

自由に動き回れる環境づくりをしてあげる

ハイハイが始まったら、部屋の中の危険なものを片づけて、赤ちゃんが自由にハイハイできるようにしてあげましょう。

歩き始めたときも同じです。テーブルの角など、あぶないところはカバーをするなどして、好きなように歩かせてあげましょう。最近では100円ショップでも幼児の安全対策グッズがいろいろ売られています。

歩き始めた子どもはすぐに転んだりつまずいたりします。あぶなっかしいから大人は思わず手を出してしまいそうになるのですが、危険でない限りは見守ることが大事です。

うちの園でもよく見かけるのは、手すりを持って伝い歩きをしている子どもが、手すりを離した瞬間に、大人が転ばないようサッと身体を支えてしまう光景です。

伝い歩きの時期は子どもの平衡感覚が育っているときですから、大人が手を出したらそれを邪魔してしまいます。転んだら危険な場所でない限り、手を出さずに見守ることが子どもの発達のために大事なことです。

必ず「言葉がけ」をする

モンテッソーリでは「言葉がけ」をとても重視します。

109ページで、子どもと接しているときに電話がかかってきた、トイレに行くというときにも、黙って席を立つのではなく、「ちょっと電話に出るね」「トイレに行ってくるね」

と一声かけると述べました。

言葉のしゃべれない赤ちゃんに対しても同じです。いきなり抱き上げたり、おむつ替えのためにスナップをはずすのではなく、「だっこするね」「おむつ、替えようね」というように声をかけてから行動に移します。

離乳食を食べさせるときも「はい、ほうれん草ですよ」と言って口に入れてあげます。「言っても理解できないから」といって黙って食べさせるのは好ましくありません。わからないようでも赤ちゃんはちゃんと聞いています。

こうして言葉がけをしていると、言葉はグングン発達していきます。

ただし、言葉がけといってもNGワードがあります。「ダメ」「いけません」などの否定の言葉、「しなさい」「食べなさい」などの命令は禁句です。また「早くしなさい」「まだなの」などと子どもを急き立てないように気をつけましょう。

言葉がけは実際にやってみるとなかなかむずかしいものです。私たちの日常生活の行動というのは、無意識にやっていることも多いので、それを言葉に出すことに慣れてないのですね。でも続けているうちにだんだん慣れてきて、意識しなくても言葉がけができるようになります。

離乳食の食べさせ方

自分で食べられるようになったら、手づかみでもなんでも、自分で食べさせてください。まず手づかみから始めて、徐々にスプーンやフォークを使えるようになります。スプーンやフォークを持って「こうやって食べるんだよ」と大人がゆっくりと食べて見せて、それ以外は子どもに任せます。子どもは大人の動きを見て学んでいきます。

子どもが上手に食べられなくて、スプーンを放り出して手づかみになってもＯＫ。無理やり持たせてはいけません。

また子どもが自分で食べられる時期なのに「こぼすから」と、大人がスプーンで食べさせてしまうのはよくないことです。子どもの「やってみたい」という気持ちを大切にしてください。

それと大事なことは、お皿にいっぱい盛らないことです。子どもが食べられる少量を盛り付け、「このお皿のものを食べきった」という達成感を味わわせてあげましょう。もっと食べたいようなら「じゃあ、おかわりね」と少しずつ足していきます。これを続けていると子どもは、自分がだいたいどのぐらい食べられるかわかってきます。

離乳食は味つけをしない

離乳食は薄味で……といわれますが、うちの園ではじゃがいも、にんじんなど味つけをしないで、すりつぶすなどしてそのまま出しています。

離乳食で素材のおいしさを覚えれば、味覚がしっかりと育ち、野菜でもなんでも好き嫌いなく食べる子になります。

子どもたちを見ていると、スナック菓子をひんぱんに食べる子はだいたい野菜が嫌いです。白米も好きではありません。強い味、濃い味に慣れてしまうと素材の味がわからなくなるのです。

「味つけをしない離乳食だと食べない」と言われる親御さんもいるのですが、子どもはおなかがすけば食べます。

ぜひ、小さいうちからしっかり「味覚教育」をしてください。

遊び食べを始めたら

ある程度おなかがいっぱいになると「遊び食べ」を始めてしまう子どもがいます。

そうなったら残っている分は大人がスプーンですくって食べさせて、それでも食べなかったら「じゃあ、ごちそうさまね」といってさっさと片づけてしまいます。このときも「言葉がけ」を忘れないようにしましょう。

またよく相談されるのは、歩けるようになった子どもが、食べている最中に立ち歩いてしまうというもの。その場合は「食事は座って食べようね」と注意して、それでもいうことを聞かなかったら、たとえば「2回まで」と決めて片づけてしまい、その後はどんなに泣きわめこうが、次の食事まで食べものを出しません。

2、3回これを繰り返したら、「席を離れたらごはんが食べられない」ということを子どもは理解し、きちんと着席して食事ができるようになります。そうしたらもう親はヒステリーを起こすこともありません。

「かわいそうだから」といって1時間後におやつをあげてしまったら意味がありません。

親もつらいでしょうが、ここを我慢するのが子どもの成長のためであり、大人もそれでラクになるのです。

1歳〜

徐々に自分のことは自分でできるように

子どもは「自分でやりたい」という意欲を持っています。発達の状況に応じて、徐々に自分の身のまわりのことは自分でできるように促していきましょう。

たとえばお風呂は一緒に入って、身体を洗っているところを大人が見せることによって、だんだんと自分で洗えるようにしていきます。

遊んだおもちゃのお片づけも自分でおこなうようにします。これも最初は「こうやって片づけるんだよ」と大人がやって見せながら、一緒に片づけます。

子どもが外で遊ぶようになったら、出かける準備を自分でできるように仕向けていきます。靴をはいて、晴れている日は帽子をかぶる、雨なら長靴をはいたり、傘を持って出たりといったことです。そのためにも「いつものところにいつものものが置いてある」という「秩序」が大事です。

最初は大人が「今日は雨だから傘をさそうね」と教えてもいいのですが、発達とともに何も言わなくても、「玄関を開けたら雨が降っていたから、傘を持つ」というように自分で考えて行動できるようになっていきます。

大事なことは「○歳になるとひとりで靴がはけるようになる」といったように、年齢や人との比較で考えないことです。あくまでもその子の発達に合わせた取り組みをおこなってください。

⬇モンテッソーリ・ワード「美しい所作と礼儀」Grace and courtesy

たとえば大人が子どもにお片づけを見せるときは、両手を使ってゆっくりきれいに片づけます。子どもは大人のやっていることを見て学ぶので、「美しい所作」でおこなうことはとても大事です。間違ってもおもちゃを箱に投げ入れるような行為は慎みましょう。

同様に言葉づかいも大人のマネをします。子どもに対して「違うだろ」「お前、いい加減にしろよ」などと汚い言葉を使うと、子どもは確実にそういう言葉を使うようになります。日ごろからきちんとした美しい言葉を使いましょう。

マヤ暦で
読み解くと……

自立はとても大切なことですが、マヤ暦の視点で見ると、それぞれに生まれたときから甘えず、自分で自分のことをやろうとする子ども、あるいは親とずっと一緒にいることを好む子どもと、違いがあることを伝えています。それぞれにタイミングがあると考えてはいかがでしょう。

子どもの「やってみたい」を大切にしてあげる

子どもは日常生活の中で、大人のやっていることを見て、「自分でもやってみたい」と思うようになります。

・お皿を運びたい

・冷蔵庫を開けてみたい、閉めてみたい
・洋服を取り出したい
・紙を破りたい、切りたい
・ティッシュを箱からひっぱり出したい
・ひもを引っ張ってみたい
・瓶のフタを開けてみたい、閉めてみたい
などなど。


こうした「やってみたい」という気持ちを大切にしてあげましょう。

たとえば子どもが「飲みものを運びたい」というときは、「あぶないからダメ！」「まだ無理だから」と禁止してしまうのではなく、可能な限りやらせてみてあげてほしいのです。

その際は子どもが運びやすいように環境を整えてあげてください。

もちろんティッシュを際限なく引き出されたり、大切な書類をビリビリにやぶかれたりしては困りますから、別のものを与えるなど工夫してみてください。

こうした日常生活の中の子どもを観察して、子どもの「やってみたい」をヒントに「お仕事」を考案してもいいのです。お仕事については次の章で述べます。

マヤ暦で読み解くと……

マヤ暦を見ると、能動型と受動型の傾向がわかります。またどのようなシチュエーションが「やる気」を引き出すのかも驚くほど詳細に示すことが可能です。

日常生活の中で自立を促す

日常生活の中で子どもの自立を促すためにできることはいろいろあります。どれも最初は大人がゆっくり、わかりやすくやって見せてあげましょう。言葉がけが多いと子どもの集中が大人の声に従ってしまいますので言葉がけは少なく。子どもは見ているだけでやり方を学びます。

・お着替え

「見ててね、ボタンを留めるよ」「見ててね、ファスナーを上げるよ」と大人がゆっくりやって見せる。

・手を洗う

大人がせっけんやハンドソープを使って手を洗い、タオルで拭くところまで見せる。

・お風呂

一緒に入って「見ててね、いまから身体を洗うよ」と洗って見せる。

・食事

箸の使い方、フォークやスプーンの使い方も、大人が実際に食べて見せる。

子どもに選ばせる

日常生活の中で「選ぶ」ことを学ばせましょう。小さいうちから「自ら選ぶ」ことによって決断力がついていくからです。

とはいえ3歳以下の子どもは、ものがいっぱいあると選択に迷い、決めることができません。

たとえば、おもちゃなら、二つ用意して「どっちがいい？」と聞き、子どもが一つ取ったら、もう一つのほうは「じゃあ、こっちは片づけるね」と言って片づけてしまいます。

着る服も自分で選ばせるようにします。たくさんある服の中から選ぶのはたいへんでしょうから、最初は2、3着を出して「どれがいい？」と聞くといいでしょう。

子どもは自分のことは自分で選びたいのです。

その気持ちを満たすことで自己肯定感が生まれるし、自主性が育ちます。

子どもが主体。せかしたり、親が代わりにやってしまわないで

子どもは靴をはくのもモタモタして時間がかかるものです。ここで大人はじっくり待ってあげることが大切です。「早くして」とせかしたり、ましてや「ママがはかせるね」といって、代わりに靴をはかせるのはＮＧです。

せかされたり、手伝われたりすると、子どもの自主性は削《そ》がれ、物ごとへの興味や集中

力が失われてしまいます。

すべては子どもが主体であり、親の都合に合わせないことが大事です。

子どもがお絵かきに集中しているときに、「もう時間だからおしまいね」と言ったり、公園でどろ団子をつくって夢中で遊んでいるときに「お洋服が汚れるからもうやめなさい」と止めたり……。

子どもの能力がまさに伸びようとしているときに、親の都合でストップをかけてしまってはいないでしょうか。

もちろん「電車やバスに乗り遅れる」とか「○時に病院で予防接種の予約がある」といった予定があるときはしかたがないのですが、それ以外ではできるだけ子どものペースを守ってあげましょう。子どもは満足するまでやったら、きちんと切り上げることができるのです。

子どもをせかしたり中断させなくていいように、早めに準備を始めるなど、時間のゆとりを持つことも大事でしょう。

時間の制限があるときは「これは○時までね」「時計が○のところに来たら帰ろうね」と最初にお約束をしておくといいでしょう。

見守ることの大切さ

歩き始めの子どもはよく転びます。

転んでも大人は助け起こさずに、子どもが自分で立ち上がるのを見守ります。自分で立ち上がることも自立への一歩です。

もちろんすぐに病院に行かなければいけないような大けがは別ですが、転んですりむいたぐらいなら、泣いても手助けしません。

子どもは「泣けば助け起こしてくれる」ことを覚えると自分で起きません。逆に転んで泣いても、まわりに大人がいないとわかったら、パッと泣きやんで自分で起き上がり、パンパンとどろを払ってケロッとして遊び始めます。

自分で立ち上がったら、「転んだのにちゃんと立ち上がれたね」と「認めて」あげましょう。ほめるのではありません。ケガをしていたら「痛かったね」「絆創膏《ばんそうこう》をはろうね」といって手当てをしてあげます。

子どもがお友だちを叩く、かみつくなどの危険行為をしたときは

1歳すぎぐらいになってくると、お友だちを叩く、かみつくなどの危険行動をする子が出てきます。自分の子どもがお友だちにかみつく、あるいは逆にお友だちに叩かれると悩むお母さんは少なくありません。

この年齢の子どもは言葉で自分の意思をうまく表現できないから、こうした行動で意思表示をしてしまうのです。

これに対しては「叩くのはやめてね」「かまれたら痛いんだよ」としんぼう強く繰り返し教えましょう。

それでもなかなか止まらない場合は、「叩いたら痛いよ。先生、○○君を叩いていい？」と言うこともあります。そうすると子どもは必ず「イヤだ」と言います。自分が叩かれたら痛いことをわかっているのです。

そうしたら「あなたは叩かれたら痛いのがわかっているんだね。それはやっていいの？」と聞くと「ダメ」と言います。「それならやめようね」と繰り返し言って聞かせます。

また子どもはよくケンカをしますが、ケンカからも社会性や多くのことを学べると考え、基本的には仲裁はしません。
あぶない取っ組み合いになるとか、いじめがひどいなどの場合だけ最低限の介入をします。

マヤ暦で読み解くと……

マヤ暦ではケンカに至るまでの流れやその原因についても、大まかですがある程度の推測が可能です。そこがまたマヤ暦の面白いところで、いくらでも応用がきくところです。

お手伝いをさせる

平衡感覚が確立されてきて、ものを持って歩くことができるようになったらどんどんお手伝いをしてもらいましょう。お手伝いで子どもの能力はグンと伸びます。

子どもは大人のマネをしたがりますから、「これをやってみたい」というものが必ずあるはずです。まずは観察です。

たとえば子どもがままごと遊びに興味が出てきたら、子どもサイズの用具を用意してあげ、コップに水を注いだり、食器を並べたりなどの食卓の用意や、おやつの用意を一緒にしましょう。

その際はまず大人が「見ててね」と言って、ゆっくりやり方を見せます。子どもはこぼしたり、やり方が下手だったりしますが、忍耐強く見守ることが大事です。

お手伝いを通して「できた」「人の役に立てた」という自己肯定感が育ちます。

教育と考えずに、子どもの発達を援助して自立を目指すことを促していきましょう。

お手伝いの例

・観葉植物に水をやる
子どもが扱えるサイズの水差しを用意して植物に水をあげる。

・おやつの用意

クッキーやおせんべいを食べる分だけ袋から出してお皿に盛る。バターナイフを使ってクラッカーにジャムを塗る。

・靴をそろえる、靴箱にしまう

・洗濯ものをたたむ、しまう

ハンカチやタオルなどをたたんでもらう。お母さん、お父さん、自分のものなど個別にわける。それぞれの場所にしまう。

・拭《ふ》く（お掃除）

子どもサイズのぞうきんを用意して、机の上や棚などを拭いてもらう。大人と一緒に床をぞうきんがけしてもよい。

・クッキング

野菜をざるに入れて洗う。バナナなどを切る。ピーラーを使ってにんじんの皮をむく。ボウルでパンケーキの材料を混ぜる。クッキーの材料をこねる。型を取るなど日常でやっていることを子どもと楽しみましょう。

第5章

子どもが夢中になる！今日から実践できるモンテッソーリの「お仕事」

ヘルナンデス真理

モンテッソーリのお仕事に子どもが夢中になる理由

ここでは家庭でできるモンテッソーリの「お仕事」の実例を紹介していきたいと思います。いずれも前章でご紹介した「日常生活の取り組み」の延長にあるものばかりです。

子どもはやり方を知らないだけであって、大人がやって見せればちゃんとできるのです。

どんどんいろんなことにチャレンジさせて、子どもの可能性を開花させてあげましょう。

子どもはお仕事に驚くほど集中して、繰り返しやり続けます。

これがお仕事の魅力です。

好きなことを好きなだけ、繰り返し、気のすむまでやらせてあげましょう。

これによって子どもの能力はグングン伸びます。

お仕事に使う道具を「用具」「教具」と呼びますが、ここで紹介するものはほとんど家庭にあるもの、100円ショップなどで買えるものばかりです。

うちの園でも100円ショップなどで材料を買ってきて、用具・教具を自作したりします。

お仕事と子どもの年齢について

ここでは主に0～3歳の子どものお仕事を紹介します。なぜ主に3歳までかというと、3歳以上になると内容が少々高度になり、専門の教具も必要となってくる場合が多く、この章の限られたページでは伝えきれないためです。

では3歳以上の子どもには活用していただけないのかというと、そのようなことはありません。年齢問わず、子どもが興味・関心を持つようであれば、ぜひおこなってみてください。

3歳以上の子どもであっても初めてモンテッソーリ教育を実施する場合は、ここにあげたお仕事に喜んで取り組んでいただけることが多いと思います。

その意味でも、それぞれのお仕事につけた年齢はおおよそのものなのであまり気にしなくて結構です。「子どもの発達に合わせた応用」も付しているので、その子に合わせて工夫していただくといいと思います。

お仕事のやり方にはコツがある

「お仕事」にはやり方とポイントがあります。まず「注ぐ」というお仕事（おおよそ2歳以上）を例としてあげて見ましょう。

コップと一杯分の水の入ったピッチャーを用意します。

まず「こういうお仕事があるんだけど、やってみたい？」と子どもを誘います。子どもが「やってみたい」と答えたらお仕事スタートです。

大人はピッチャーからコップに八分目ほどの水を注いで見せます。

モンテッソーリ教育ではこれを「提示」といいますが、本書では「見本を示す」とします。

次にコップの水をピッチャーに戻したら、次は子どもの番です。

コップに上手に水を注ぐには集中力が必要ですし、ピッチャーを持つことで筋力がつき、手首の可動域も広がります。

子どもは最初こぼしたり、コップを倒したりと、あぶなっかしくて見ていられないと思うかもしれません。

でも手を出したくなるのをぐっとこらえて見守ります。

注いでは元に戻し、注いでは元に戻しを繰り返すと、子どもは驚くほどの集中力を発揮して、夢中でやり続けます。

次の段階としては、ピッチャーにコップ一杯分ではなく、コップにあふれるぐらいの多めの量を入れます。

そうすると今度は「あふれないよう、ギリギリのところでピッチャーを持つ手を止める」というテクニックが必要となってきます。このようにいくらでも応用がきくわけです。

子どもを観察して何に興味を持っているか見定めながら、さまざまに工夫すれば、家庭でも身のまわりのものでいくらでも「お仕事」を作りだすことができるのです。

═お仕事のポイント═

❶ 見本はゆっくり、わかりやすく

最初は大人が見本を示します。

「見ててね」と声をかけてから、ゆっくり、手順がわかりやすいようにおこないます。このとき、手順の説明など、余計なことは言いません。

やって見せてから「あなたの番よ」と声をかけます。

遊びの一環として、子どもが「自分もやってみたい」を思うように、楽しそうに見えるよう工夫してください。

❷ 子どもが集中し始めたら邪魔しない

子どもがお仕事を集中してやり始めたら、大人は声をかけずにそっと離れます。

イスの場合はその場で立ち上がるのではなく、そっとイスを引いて子どもの視界に入らないよう離席します。

集中力を削がないためです。

また子どもが集中しているときは、声をかけないようにします。

子どもはやりたいと思ったら、何度でも繰り返し繰り返しやってみるものです。

「まだやるの？」「そろそろ次のお仕事をやってみる？」などと中断させるのも慎みましょう。

好きなことを好きなだけ、飽きるまでやることで子どもはグングン集中力をつけるのです。

(注)小さい子どもがおはじきなどを口に入れてしまう心配があるとき、料理で包丁を使うとき、縫いもので針を使うときなど、危険性がある場合は大人がしっかり見守ってください。

❸ 用具・教具は子どもサイズの「本物」を使う

たとえばピッチャーとコップであれば、子どものままごと用ではなく、できるだけガラスや陶器でできている本物を使ってください。

お皿やスプーンなどの食器も、子どもの扱いやすいサイズのプラスチックでないものを用意します。本物を使うことで「落としたら割れる」「乱暴に扱ったら割れる」という「ものの概念」を学びます。壊れてもいいプラスチックを使うのは「割れたときに片づけるのが面倒」という大人の都合です。

また、「見た目」の美しさも大事です。大人もコーヒーを飲むときに、すてきなカップで飲みたいですよね。それと同じです。

❹ 強制をしない

モンテッソーリでは子どもの自主性を大事にします。お仕事に誘って、子どもが「やりたくない」と言ったら無理強いはしません。せっかく教具を用意したのに……とガッカリしてしまいますが、そこはぐっとこらえて「じゃあまた今度やろうね」といって片づけましょう。その子にはまだ早いのかもしれません。

あるいは元に戻してしまって「ここに置いておくからいつでも使ってね」と声をかけてもいいでしょう（やらないといったら「元の場所に戻す」ことが大事です）。

またそのお仕事がすっかり上手にできるようになると、子どもは飽きて別のことをやりたがりますが、それはそれでかまいません。お片づけをして次のお仕事に誘いましょう。

❺ 上手・下手は関係ない

お仕事の「出来・不出来」「上手・下手」は関係ありません。たとえばフラワーアレンジメントのお仕事で、上手にできる子もいれば、ぐちゃぐちゃになってしまう子もいますが、それでいいのです。

また大人は、「ここができていないよ」などと指図をしません。再度見本を示します。積み重ねていくと自身で誤りの訂正をしていくようになります。

その子が集中して取り組んで「できた!」を積み重ねることが自信につながり、能力が伸びていくのです。

家庭でできるモンテッソーリのお仕事

名称練習・果物（おおよそ8カ月〜）

♣用意するもの

果物（本物が用意できなければレプリカでも可）

♠お仕事してみよう!

①本物の果物を一つずつ見せて、大人が名称を言う。

②果物を3種類（りんご、桃、バナナなど）をかごに入れて、一つずつ取り出して「りん

ご」「桃」「バナナ」と言いながら子どもの前に置く。本物ならにおいをかぐ。

③「りんごちょうだい、ありがとう」「バナナちょうだい？　ありがとう」などと受け渡しをおこなう。

④言葉を覚えたばかりの子どもに「これはなに？」と聞いてはいけない（聞いていいのはだいたい3歳から）。

⑤「りんごをちょうだい」と言ったときに子どもが間違えて「バナナ」を渡して来たら、「これはバナナね」と言う。「違うよ」と否定はしない。

⑥本物の果物ならお仕事をした後、一緒に食べてもよい。

つまんで落とす　（おおよそ10カ月～）

♣用意するもの

ふりかけなど縦長の空き容器（フタの真ん中に木の棒が入る大きさの穴をあける）

木の棒（適当な長さにカットする）

♠お仕事してみよう！

①大人が先に3本の指を使って木の棒をつまんで、ふりかけなど縦長の容器の穴に落とす見本を示す。

②「あなたの番よ」と声をかける。子どもは最初のうち3本でつまめず、握ったり、5本指を使ったりするが、大人は3本でやり続ける。

◆子どもの発達に合わせてこんな応用も……

・100円ショップでフタつきの容器を買ってきて、「入れて落とすもの」の大きさより一回り大きくフタに穴をあけ、そこに「入れて落とすもの」をつまんで落とす

・最初は大きめのブロックなどから始めて、だんだんペットボトルのキャップ、ビーズなど、小さいものにしていく（穴もそれに合わせて小さくする）

・発達に応じてキャップやビーズの見本を示すときに「ピンク」「黄色」「青」などと色の名前を言いながら落とす

(注)この年齢の子どもはなんでも口に入れたがるので、口に入れても安全なもの、清潔なものを使い、必ず大人が見守ってください。

絵カード合わせ（文字に興味を持ち始めたら）

♣用意するもの

花や動物のカード（画用紙を切って写真をはる）

同じものを2枚用意して、一つのほうは写真だけ（A）、もう一つは写真に名前（ひらがな）を入れる（B）

♠お仕事してみよう！

（先に大人がやって見せる）

①まずAの写真だけのカードを「リス」「うさぎ」「犬」と言いながら出して並べる。

②次にBの名前入りのカードを出して、「リス」「うさぎ」「犬」と、並んでいるカードの下に並べて、AとBを合わせる。

③昆虫、恐竜、電車、食べもの、お菓子など、子どもの興味に合わせていろいろつくれる。子どもは好きなものの名前を言うのが大好き。遊び感覚で自然とひらがなを覚える。

◆子どもの発達に合わせてこんな応用も……

・ひらがなだけが書かれているカード（C）を用意してペアリングすることもできる。さらに裏側に英語の名前を書いておけば、英語を覚えることができる

ボタンのかけはずし

（おおよそ14カ月〜）

♣用意するもの

大きなボタンのついた服

（特別に用意しなくても家にある洋服で可）

♠お仕事してみよう！

①最初に大人がやって見せる。利き手の親指、人差し指、中指の3本の指を使ってボタンを持つ、反対の手で押さえながらゆっくりはずす。はずしたら広げて見せる。

②同じく3本の指と反対の手を使ってボタンをかける。

③「あなたの番よ」と声をかける。

ファスナーの上げ下ろし（おおよそ14カ月〜）

♣用意するもの

ファスナーのついた服

（特別に用意しなくても家にある洋服で可）

♠お仕事してみよう！

①最初に大人がやって見せる。利き手でファスナーの引き手（つまみ）を利き手の親指、人差し指、中指の3本の指を使って持ち、反対の手で押さえながら、ゆっくりとファスナーを下ろす。このとき反対の手も一緒に手を下に動かしていく。下ろしたらファスナーを開いて見せる。

②次にゆっくり上げていく。

③「あなたの番よ」と声をかける。子どもにやらせるときは下の留め具の部分がはずれないように大人が手で押さえておく。

◆子どもの発達に合わせてこんな応用も……

・ファスナーが上げられるようになったら、下の留め具を自分ではめるところからやらせる

マジックテープのつけはずし（おおよそ14カ月〜）

♣用意するもの

マジックテープ

（特別に用意しなくても家にあるもので可）

♠お仕事してみよう！

①利き手の親指、人差し指、中指の3本の指を使って最初に大人が音を出しながらマジックテープをゆっくりとはがす。

②はがしたあとの、マジックテープのざらざらした面と、ふわふわした面を指さして、触れさせる。「ざらざらしているね」「ふわふわしているね」と声をかける。

③その後、ゆっくりと元に戻す。
④「あなたの番よ」と声をかける。

たたむ（おおよそ14カ月～）

♣用意するもの

ハンカチ程度の大きさの布の真ん中に返し縫いで直線でステッチを入れる（不要な布にマジックで線を引いてもよい）

♠お仕事してみよう！

（最初に大人が見本を示す）

・真ん中の縫い目に沿ってたたむ

◆子どもの発達に合わせてこんな応用も……

・横にもステッチを入れて縦横にする

・対角線（ななめ）にステッチを入れる。もう1本入れてバッテンにする

すくう、つかむ

（おおよそ14カ月〜　スプーンが使えるようになったら）

♣用意するもの

木のスプーン（子どもが扱える小さめのもの）

トング（子どもが扱える小さめのもの）

大きめのガラス製のおはじき6個（丸くて平べったいもので何種類か色のあるもの）

おはじきの入れ物

お皿（分割されていないお皿から始めて、2分、4分、6分割と発達に合わせて用意する）

♠お仕事してみよう！

（いずれも先に大人が見本を示す）

①スプーンでおはじきを器からすくい、お皿に移す。

②分割されたお皿を使う場合は、一区画に一つずつ入れる。そのうち「上の段は青だけ、下の段は白だけ」など、色ごとにわけたり、青と白を順繰りに置いたりするようになる。子どものやりたいようにやらせる。

③トングでも同じようにやらせる。

◆子どもの発達に合わせてこんな応用も……

・おはじきを丸いビー玉に変える（転がるのでやりづらい）

・すくいやすい深いスプーンではなく、すくいづらい平べったいタイプを使わせてみる

・貝殻（トングでつまむ）、お寿司のレプリカ（お箸でつまむ）など、いろいろなものに変えてみる

・お皿を2分割から4分割、6分割のものへと難易度を高めていく

名称練習・動物（おおよそ14カ月〜）

♣用意するもの

動物のレプリカ（必ず本物と同じ比率のものを用意する。うさぎと羊なら羊が大きい、羊と象なら象が大きいといった具合に必ず実物に即したもの）

区切りのあるトレイ

♠お仕事してみよう！

①動物3種類ぐらいを、「鹿」「豚」「羊」と言いながら入れ物から出し、子どもの前に並べる。

②何度か繰り返し、子どもが名称を覚えたなと思ったら、いったん入れ物に片づける。

③「羊を出して」「豚を出して」「鹿を出して」と入れ物から出してトレイに置かせる。

④「豚をここにおいてね」「羊はここにおいてね」とトレイの場所を指定してもよい。

⑤三つから初めてだんだん数を増やす。

◆子どもの発達に合わせてこんな応用も……

・レプリカと同じ動物のカード（写真）を用意する。羊のレプリカの前に「これは羊」と言いながら羊のカードを置き、豚の前に豚のカード、鹿の前に鹿のカードを置く

・いったんカードを片づけて子どもにやらせる。子どもがカードの置き場所を間違えたら「これは○○ね」と正しい位置に置かせる

・慣れてきたら数を増やす

・カードの前にレプリカを置かせるなどする

働く車（形の認識）（おおよそ14カ月〜）

♣用意するもの

・消防車、トラック、クレーン車、ブルドーザー、ミキサー車などのレプリカ（動物と同じように実物と比率が同じもの）

・レプリカと同じ種類の車の写真のカード（意図的にレプリカとは形や色がちょっと違うものを選ぶ）

♠お仕事してみよう！

①果物や動物と同じようにレプリカを出し入れして名前を覚えさせる。

②レプリカの下に「これもクレーン車だよ」「これもミキサー車だよ」などと言って、カードを置いていく（具体から抽象へ）。

③子どもは「形や色がちょっと違うけど、クレーンがついているから、これはクレーン車」、「先端にブレード（排土板）がついているから、これはブルドーザー」というように認識していく。

④（この年齢では）車の用途などの説明はしない。

モンテッソーリで
子どもが
変わった！

ケース
1

落ちつきがなく座っていられない子

A君　男の子　3歳

Ａ君は「座っている」ことができず、常に教室の中を落ちつきなくウロウロ歩き回っている子でした。お友だちのやっていることをのぞき込んでは、また別のところをのぞき込むという感じで、落ちついて何かをするということがないのです。

まず、この子を観察することを始めました。何に興味があるのか、何が必要なのかを見きわめます。子どもは必ず何かに興味を持っています。どの子にも必ずあります。

よく見ると、Ａ君は毎日のように恐竜のＴシャツを着ていて、園に持ってくるリュックサックも恐竜のイラストがついています。

そこで、ちょっと上の年齢の子の教具の置いてある場所に行って恐竜のミニチュアを持ってきて「Ａ君、先生ね、これ、持ってきたんだけど、一緒にやる？」と聞きました。

すると「うん、やる！」とうれしそうにうなずいて私の横に座りました。

ミニチュアをテーブルの上に並べると、「これは○○○○」「これは△△△△だよ」とまあ、むずかしい恐竜の名前がポンポンと出てくるのです。私に一生懸命説明してくれます。私は「そうなのね」「そうなんだ」と相槌《あいづち》を打ちながらひたすら聞きます。この時点で20分ほど。ずっと机から離れません。

しばらくすると今度は恐竜を持って飛ばしたり、戦いごっこをさせてひとりで遊び始めます。それを見計らって、そーっとイスごと下げて机から離れます。

その後も遊んでいますが、30分ほどすると飽きて席を立ってしまいます。そのタイミングでサッと駆け寄って「A君、お片づけしようね」と声をかけます。

一緒にミニチュアを棚に戻し、座っていたイスを元に戻すところまでやりました。満足するまで遊んだから、気持ちよくお片づけができるのです。

・飽きたタイミングで次の教具へ

これを2、3日続けると、A君はミニチュアにも飽きてきます。そうしたら今度は分厚い恐竜の図鑑を持ってきて「ねぇねぇ、先生これを持ってきたんだけど、一緒に見る？」

と聞きます。「見る」というので一緒に見ます。ミニチュアから平面への移行です。

A君は図鑑の恐竜を見ながら「これは○○」「これは■■」とまた次々名前を呼んでいきます。なかにはA君の知らない恐竜もあるのですが、もちろんまだ字も読めないので、そういうものは飛ばします。

でもそこで大人が「これは飛ばしたけど、△△という恐竜なんだよ」と介入はしません。A君が知っている恐竜の名前を一通り言うのを、ひたすら相槌を打ちながらつきあいます。10分、15分もたつと、知っている恐竜を全部言ってしまいます。すると子どもは「もっと知りたい」という欲求を持っていますから、自分の知らない恐竜を指さして「これはなに？」と聞いてきます。

そこで「これはプレシオサウルスだよ」と教えます。そこで子どもが「プレキオザウルス」と間違えて呼んだとしても絶対に「ううん、違うよ」と否定はしません。「うん。そうだね」と肯定したうえで「プレシオサウルスだね」と正しい名前を繰り返して言うだけ。

これをすると名前も覚えるし、そこに書かれている文字にも興味を持ちます。

また恐竜の図鑑は背景に火山が描かれていることが多いのですが、そちらにも興味を示したりします。子どもは一つのことを習得して自信ができると、ほかのものにも興味を持ちます。

そうしたら火山の模型を持ってきてそれで遊び始めたりと、「文化」に発展していくのです。

これを繰り返していくうちに、A君はどんどん落ちつきが出てきて、ほかのことをするときもちゃんと座っていられるようになりました。

モンテッソーリで
子どもが
変わった！

ケース
2

お教室の中で走ってしまう子

Bちゃん　女の子　5歳

お教室の中で走り回ってしまう女の子の例です。

この場合、まず走り始めたら呼び止めて、「教室の中では歩こうね」と言います。

そのときは「はい」と答えてやめるのですが、しばらくするとまた走ったりスキップをしたりしててしまいます。

次は「どうする？　お外に行く？」と聞きます。そうすると「イヤ」と言います。お友だちがみんな教室にいる中で、ひとりだけ外に行くのはイヤなのです。

「じゃあ、○○ちゃんと[redacted]ちゃんと一緒にホールに行こうか」と言うと「うん」とうなずきます。お友だちが一緒ならいいのですね。

ホールに行くとそこでも走り回ったりしていたのですが、タイミングを見計らって「ここは汚れているからお掃除しない？」と声をかけます。

お掃除、ぞうきんをしぼるというお仕事は以前に経験しています。ぞうきんを持ってきたら、「じゃあ誰がいちばん早いか競争しよう」と言ってぞうきんがけ競争をしたりします。

3回もすると「疲れた」と言い出します。そうしたら「じゃあ、ぞうきんを洗いに行こうか」と言って今度は「洗濯」のお仕事をします。

走り回ってしまう子というのはエネルギーを持て余しているのです。ぞうきんがけでエネルギーを使いきった後は、教室できちんと座っていられるようになります。

これも子どもを観察するということが大事です。

モンテッソーリで
子どもが
変わった！

ケース
3

手を洗わない子

C君　男の子　4歳

園ではお昼ごはんの前にみんなで手を洗います。ところが手を洗わない、洗いに行きたくないという子がいるのです。先生たちが洗わせようとするのだけど、頑として拒否して「イヤだ、（このまま）ごはん、食べる」と言い張るわけです。

そこで私が「C君、先生とこの前お約束したよね。C君、手をきちんと洗ってから食べるんだよ。食べたくなったらいつでも手洗いしてね」と言ってお教室から出て行きました。

先生たちにも「前回なぜ手を洗わないといけないのかC君にはお話をして約束をしているので手を洗ったら食事をあげてください」と再確認しました。ここでつい「かわいそうだから」「一回ぐらい」といって規則を曲げてはダメなのです。

のちに担任に「どうだった」と聞いたら、「あれから5分くらいしたら、自分から手を洗いに行って食べました」ということでした。

ポイントは無理やり連れて行こうとしないことです。「手を洗って食べるのがお約束」と決めたら、自分で手を洗いに行くまで待つことです。

つまり、その子がやるまで「待つ」ことが大事なのです。

ところがこれがなかなかむずかしいですね。

待つことは忍耐力がいるし、時間がないときはイライラしてしまったりもします。そんなときこそマヤ暦の「自分を律するポイント」を思いだすといいと思います。

エピローグ

モンテッソーリ教育に関わり、マヤ暦を学んできた私にとって、この二つを融合させた教育法を出版できたことは望外の喜びです。

モンテッソーリ教育とマヤ暦の両方の世界を深く知ると、その共通点に驚かされることがたびたびあります。

本書の制作過程で、私の頭にキーワードとして浮かんできたのは「自立と自律」という二つの言葉でした。

本文でも述べたように、モンテッソーリ教育の大きな目標の一つに「子どもの自立心を育てる」というものがあります。

では自立とはどういうことでしょうか。

親のお金に頼らず自分の力でお金を稼ぐことが自立でしょうか。何から何まで自分でやって、人に頼らないことが自立でしょうか。

私はそうではないと思うのです。

本当の自立とは、「自分を認め、律することができる」ということではないかと私は考えます。

自分を律することができる人は、本当に困ったときに人に「助けて」と言えるのです。

モンテッソーリ教育で育った子どもたちは、みな自尊心を持っています。

自尊心があるからこそ、自分ができないときは、素直な心で親に「どうやってやるの?」と聞けるし、困ったときは素直に「助けて」「手伝って」と言うことができるのです。

それができる子どもは、大人になっても、本当に必要なときに助けを求めることができます。

もちろん自分も困った人に手を差し伸べることができるのです。

自分を認め、自分を律することができる人こそが、本当の意味で「自立した人間」といえるのではないでしょうか。

「自立」のためには「自律」が必要なのです。

マヤ暦を学ぶと、自分を深い意味で知ることができ、だからこそ自分を律することができます。

マヤ暦を学ぶことで「自分を律すること」が深い意味で腑に落ち、理解することができるのです。

その意味でもモンテッソーリ教育とマヤ暦は最高のマリアージュだと思います。

自分を律して受容することで、無条件の愛をお子さまに注いであげてください。

本書はモンテッソーリメソッドを取り入れて実践してきた私なりの意見です。

少しでもお読みになってくださった方の参考になれば幸いです。


このたび、シンクロニシティ研究会の越川宗亮代表の発案でこのようなユニーク、かつ有意義な本ができあがりました。

越川代表から思いもよらず出版の話をいただいたとき、「やってみようかな」と前向きに受け止めている自分がいました。われながら驚きです。

私は一介のモンテッソーリの教育者にすぎないし、まさか自分が本を出すなんて想像したこともありません。普段の私なら「そんなおこがましいこと……」と尻込みをしていたでしょう。

ところがなぜか、この話にはごく自然に一歩を踏み出すことができたのです。私の背中を押してくれたのはマヤ暦でした。

越川代表に初めてモンテッソーリ教育の話をしたのが、（私にとって）黄色の時代の13年目、つまり「音13」の年、出版の話をいただいたのが赤の時代の1年目、つまり「音1」の年でした。

音13は「予期せぬプレゼント」という意味合いがあり、また音1は「新たな出発、物ごとの始め」を意味します。

「黄色」の時代は「起承転結」の「結」にあたり、実りを刈り入れたり、総仕上げを意味したりする時代です。その最終にあたる13年目であることから、「いままでの人生の決算」のようなニュアンスもあります。

自分にとってはこの本書がそんな位置づけを示唆しているようにも感じています。

また「赤い時代」は新たな出発をあらわしています。本書を携えて、次の舞台に船出することを意味しているのかもしれません。

まさにシンクロニシティです。

本書が世に出たのも、ちゃんと意味があってのことなのだと感嘆せざるを得ません。

本書の出版にあたって、シンクロニシティ研究会・越川宗亮代表、M.A.P.出版・齊藤晴都惠社長、編集スタッフの方々に多大なるお力をいただいたことを感謝いたします。

ヘルナンデス真理

付録1

一目でわかるあなたの紋章

𝋪 101	𝋤 121	𝋫 141	𝋥 161	𝋬 181	𝋦 201	𝋭 221	𝋧 241
𝋫 102	𝋥 122	𝋬 142	𝋦 162	𝋭 182	𝋧 202	𝋡 222	𝋨 242
𝋬 103	𝋦 123	𝋭 143	𝋧 163	𝋡 183	𝋨 203	𝋢 223	𝋩 243
𝋭 104	𝋧 124	𝋡 144	𝋨 164	𝋢 184	𝋩 204	𝋣 224	𝋪 244
𝋡 105	𝋨 125	𝋢 145	𝋩 165	𝋣 185	𝋪 205	𝋤 225	𝋫 245
𝋢 106	𝋩 126	𝋣 146	𝋪 166	𝋤 186	𝋫 206	𝋥 226	𝋬 246
𝋣 107	𝋪 127	𝋤 147	𝋫 167	𝋥 187	𝋬 207	𝋦 227	𝋭 247
𝋤 108	𝋫 128	𝋥 148	𝋬 168	𝋦 188	𝋭 208	𝋧 228	𝋡 248
𝋥 109	𝋬 129	𝋦 149	𝋭 169	𝋧 189	𝋡 209	𝋨 229	𝋢 249
𝋦 110	𝋭 130	𝋧 150	𝋡 170	𝋨 190	𝋢 210	𝋩 230	𝋣 250
𝋧 111	𝋡 131	𝋨 151	𝋢 171	𝋩 191	𝋣 211	𝋪 231	𝋤 251
𝋨 112	𝋢 132	𝋩 152	𝋣 172	𝋪 192	𝋤 212	𝋫 232	𝋥 252
𝋩 113	𝋣 133	𝋪 153	𝋤 173	𝋫 193	𝋥 213	𝋬 233	𝋦 253
𝋪 114	𝋤 134	𝋫 154	𝋥 174	𝋬 194	𝋦 214	𝋭 234	𝋧 254
𝋫 115	𝋥 135	𝋬 155	𝋦 175	𝋭 195	𝋧 215	𝋡 235	𝋨 255
𝋬 116	𝋦 136	𝋭 156	𝋧 176	𝋡 196	𝋨 216	𝋢 236	𝋩 256
𝋭 117	𝋧 137	𝋡 157	𝋨 177	𝋢 197	𝋩 217	𝋣 237	𝋪 257
𝋡 118	𝋨 138	𝋢 158	𝋩 178	𝋣 198	𝋪 218	𝋤 238	𝋫 258
𝋢 119	𝋩 139	𝋣 159	𝋪 179	𝋤 199	𝋫 219	𝋥 239	𝋬 259
𝋣 120	𝋪 140	𝋤 160	𝋫 180	𝋥 200	𝋬 220	𝋦 240	𝋭 260

赤い龍	1	21	41	61	81
白い風	2	22	42	62	82
青い夜	3	23	43	63	83
黄色い種	4	24	44	64	84
赤い蛇	5	25	45	65	85
白い世界の橋渡し	6	26	46	66	86
青い手	7	27	47	67	87
黄色い星	8	28	48	68	88
赤い月	9	29	49	69	89
白い犬	10	30	50	70	90
青い猿	11	31	51	71	91
黄色い人	12	32	52	72	92
赤い空歩く人	13	33	53	73	93
白い魔法使い	14	34	54	74	94
青い鷲	15	35	55	75	95
黄色い戦士	16	36	56	76	96
赤い地球	17	37	57	77	97
白い鏡	18	38	58	78	98
青い嵐	19	39	59	79	99
黄色い太陽	20	40	60	80	100

付録2

西暦とマヤ暦の対照表

■1910・1962・2014年

	1月	2月	3月	4月	5月	6月	7月	8月	9月	10月	11月	12月
1	63	94	122	153	183	214	244	15	46	76	107	137
2	64	95	123	154	184	215	245	16	47	77	108	138
3	65	96	124	155	185	216	246	17	48	78	109	139
4	66	97	125	156	186	217	247	18	49	79	110	140
5	67	98	126	157	187	218	248	19	50	80	111	141
6	68	99	127	158	188	219	249	20	51	81	112	142
7	69	100	128	159	189	220	250	21	52	82	113	143
8	70	101	129	160	190	221	251	22	53	83	114	144
9	71	102	130	161	191	222	252	23	54	84	115	145
10	72	103	131	162	192	223	253	24	55	85	116	146
11	73	104	132	163	193	224	254	25	56	86	117	147
12	74	105	133	164	194	225	255	26	57	87	118	148
13	75	106	134	165	195	226	256	27	58	88	119	149
14	76	107	135	166	196	227	257	28	59	89	120	150
15	77	108	136	167	197	228	258	29	60	90	121	151
16	78	109	137	168	198	229	259	30	61	91	122	152
17	79	110	138	169	199	230	260	31	62	92	123	153
18	80	111	139	170	200	231	1	32	63	93	124	154
19	81	112	140	171	201	232	2	33	64	94	125	155
20	82	113	141	172	202	233	3	34	65	95	126	156
21	83	114	142	173	203	234	4	35	66	96	127	157
22	84	115	143	174	204	235	5	36	67	97	128	158
23	85	116	144	175	205	236	6	37	68	98	129	159
24	86	117	145	176	206	237	7	38	69	99	130	160
25	87	118	146	177	207	238	8	39	70	100	131	161
26	88	119	147	178	208	239	9	40	71	101	132	162
27	89	120	148	179	209	240	10	41	72	102	133	163
28	90	121	149	180	210	241	11	42	73	103	134	164
29	91		150	181	211	242	12	43	74	104	135	165
30	92		151	182	212	243	13	44	75	105	136	166
31	93		152		213		14	45		106		167

■1911・1963・2015年

	1月	2月	3月	4月	5月	6月	7月	8月	9月	10月	11月	12月
1	168	199	227	258	28	59	89	120	151	181	212	242
2	169	200	228	259	29	60	90	121	152	182	213	243
3	170	201	229	260	30	61	91	122	153	183	214	244
4	171	202	230	1	31	62	92	123	154	184	215	245
5	172	203	231	2	32	63	93	124	155	185	216	246
6	173	204	232	3	33	64	94	125	156	186	217	247
7	174	205	233	4	34	65	95	126	157	187	218	248
8	175	206	234	5	35	66	96	127	158	188	219	249
9	176	207	235	6	36	67	97	128	159	189	220	250
10	177	208	236	7	37	68	98	129	160	190	221	251
11	178	209	237	8	38	69	99	130	161	191	222	252
12	179	210	238	9	39	70	100	131	162	192	223	253
13	180	211	239	10	40	71	101	132	163	193	224	254
14	181	212	240	11	41	72	102	133	164	194	225	255
15	182	213	241	12	42	73	103	134	165	195	226	256
16	183	214	242	13	43	74	104	135	166	196	227	257
17	184	215	243	14	44	75	105	136	167	197	228	258
18	185	216	244	15	45	76	106	137	168	198	229	259
19	186	217	245	16	46	77	107	138	169	199	230	260
20	187	218	246	17	47	78	108	139	170	200	231	1
21	188	219	247	18	48	79	109	140	171	201	232	2
22	189	220	248	19	49	80	110	141	172	202	233	3
23	190	221	249	20	50	81	111	142	173	203	234	4
24	191	222	250	21	51	82	112	143	174	204	235	5
25	192	223	251	22	52	83	113	144	175	205	236	6
26	193	224	252	23	53	84	114	145	176	206	237	7
27	194	225	253	24	54	85	115	146	177	207	238	8
28	195	226	254	25	55	86	116	147	178	208	239	9
29	196		255	26	56	87	117	148	179	209	240	10
30	197		256	27	57	88	118	149	180	210	241	11
31	198		257		58		119	150		211		12

■1912・1964・2016年

	1月	2月	3月	4月	5月	6月	7月	8月	9月	10月	11月	12月
1	13	44	73	103	133	164	194	225	256	26	57	87
2	14	45	74	104	134	165	195	226	257	27	58	88
3	15	46	75	105	135	166	196	227	258	28	59	89
4	16	47	76	106	136	167	197	228	259	29	60	90
5	17	48	77	107	137	168	198	229	260	30	61	91
6	18	49	78	108	138	169	199	230	1	31	62	92
7	19	50	79	109	139	170	200	231	2	32	63	93
8	20	51	80	110	140	171	201	232	3	33	64	94
9	21	52	81	111	141	172	202	233	4	34	65	95
10	22	53	82	112	142	173	203	234	5	35	66	96
11	23	54	83	113	143	174	204	235	6	36	67	97
12	24	55	84	114	144	175	205	236	7	37	68	98
13	25	56	85	115	145	176	206	237	8	38	69	99
14	26	57	86	116	146	177	207	238	9	39	70	100
15	27	58	87	117	147	178	208	239	10	40	71	101
16	28	59	88	118	148	179	209	240	11	41	72	102
17	29	60	89	119	149	180	210	241	12	42	73	103
18	30	61	90	120	150	181	211	242	13	43	74	104
19	31	62	91	121	151	182	212	243	14	44	75	105
20	32	63	92	122	152	183	213	244	15	45	76	106
21	33	64	93	123	153	184	214	245	16	46	77	107
22	34	65	94	124	154	185	215	246	17	47	78	108
23	35	66	95	125	155	186	216	247	18	48	79	109
24	36	67	96	126	156	187	217	248	19	49	80	110
25	37	68	97	127	157	188	218	249	20	50	81	111
26	38	69	98	128	158	189	219	250	21	51	82	112
27	39	70	99	129	159	190	220	251	22	52	83	113
28	40	71	100	130	160	191	221	252	23	53	84	114
29	41	72	101	131	161	192	222	253	24	54	85	115
30	42		102	132	162	193	223	254	25	55	86	116
31	43		103		163		224	255		56		117

■1913・1965・2017年

	1月	2月	3月	4月	5月	6月	7月	8月	9月	10月	11月	12月
1	118	149	177	208	238	9	39	70	101	131	162	192
2	119	150	178	209	239	10	40	71	102	132	163	193
3	120	151	179	210	240	11	41	72	103	133	164	194
4	121	152	180	211	241	12	42	73	104	134	165	195
5	122	153	181	212	242	13	43	74	105	135	166	196
6	123	154	182	213	243	14	44	75	106	136	167	197
7	124	155	183	214	244	15	45	76	107	137	168	198
8	125	156	184	215	245	16	46	77	108	138	169	199
9	126	157	185	216	246	17	47	78	109	139	170	200
10	127	158	186	217	247	18	48	79	110	140	171	201
11	128	159	187	218	248	19	49	80	111	141	172	202
12	129	160	188	219	249	20	50	81	112	142	173	203
13	130	161	189	220	250	21	51	82	113	143	174	204
14	131	162	190	221	251	22	52	83	114	144	175	205
15	132	163	191	222	252	23	53	84	115	145	176	206
16	133	164	192	223	253	24	54	85	116	146	177	207
17	134	165	193	224	254	25	55	86	117	147	178	208
18	135	166	194	225	255	26	56	87	118	148	179	209
19	136	167	195	226	256	27	57	88	119	149	180	210
20	137	168	196	227	257	28	58	89	120	150	181	211
21	138	169	197	228	258	29	59	90	121	151	182	212
22	139	170	198	229	259	30	60	91	122	152	183	213
23	140	171	199	230	260	31	61	92	123	153	184	214
24	141	172	200	231	1	32	62	93	124	154	185	215
25	142	173	201	232	2	33	63	94	125	155	186	216
26	143	174	202	233	3	34	64	95	126	156	187	217
27	144	175	203	234	4	35	65	96	127	157	188	218
28	145	176	204	235	5	36	66	97	128	158	189	219
29	146		205	236	6	37	67	98	129	159	190	220
30	147		206	237	7	38	68	99	130	160	191	221
31	148		207		8		69	100		161		222

■1914・1966・2018年

	1月	2月	3月	4月	5月	6月	7月	8月	9月	10月	11月	12月
1	223	254	22	53	83	114	144	175	206	236	7	37
2	224	255	23	54	84	115	145	176	207	237	8	38
3	225	256	24	55	85	116	146	177	208	238	9	39
4	226	257	25	56	86	117	147	178	209	239	10	40
5	227	258	26	57	87	118	148	179	210	240	11	41
6	228	259	27	58	88	119	149	180	211	241	12	42
7	229	260	28	59	89	120	150	181	212	242	13	43
8	230	1	29	60	90	121	151	182	213	243	14	44
9	231	2	30	61	91	122	152	183	214	244	15	45
10	232	3	31	62	92	123	153	184	215	245	16	46
11	233	4	32	63	93	124	154	185	216	246	17	47
12	234	5	33	64	94	125	155	186	217	247	18	48
13	235	6	34	65	95	126	156	187	218	248	19	49
14	236	7	35	66	96	127	157	188	219	249	20	50
15	237	8	36	67	97	128	158	189	220	250	21	51
16	238	9	37	68	98	129	159	190	221	251	22	52
17	239	10	38	69	99	130	160	191	222	252	23	53
18	240	11	39	70	100	131	161	192	223	253	24	54
19	241	12	40	71	101	132	162	193	224	254	25	55
20	242	13	41	72	102	133	163	194	225	255	26	56
21	243	14	42	73	103	134	164	195	226	256	27	57
22	244	15	43	74	104	135	165	196	227	257	28	58
23	245	16	44	75	105	136	166	197	228	258	29	59
24	246	17	45	76	106	137	167	198	229	259	30	60
25	247	18	46	77	107	138	168	199	230	260	31	61
26	248	19	47	78	108	139	169	200	231	1	32	62
27	249	20	48	79	109	140	170	201	232	2	33	63
28	250	21	49	80	110	141	171	202	233	3	34	64
29	251		50	81	111	142	172	203	234	4	35	65
30	252		51	82	112	143	173	204	235	5	36	66
31	253		52		113		174	205		6		67

■1915・1967・2019年

	1月	2月	3月	4月	5月	6月	7月	8月	9月	10月	11月	12月
1	68	99	127	158	188	219	249	20	51	81	112	142
2	69	100	128	159	189	220	250	21	52	82	113	143
3	70	101	129	160	190	221	251	22	53	83	114	144
4	71	102	130	161	191	222	252	23	54	84	115	145
5	72	103	131	162	192	223	253	24	55	85	116	146
6	73	104	132	163	193	224	254	25	56	86	117	147
7	74	105	133	164	194	225	255	26	57	87	118	148
8	75	106	134	165	195	226	256	27	58	88	119	149
9	76	107	135	166	196	227	257	28	59	89	120	150
10	77	108	136	167	197	228	258	29	60	90	121	151
11	78	109	137	168	198	229	259	30	61	91	122	152
12	79	110	138	169	199	230	260	31	62	92	123	153
13	80	111	139	170	200	231	1	32	63	93	124	154
14	81	112	140	171	201	232	2	33	64	94	125	155
15	82	113	141	172	202	233	3	34	65	95	126	156
16	83	114	142	173	203	234	4	35	66	96	127	157
17	84	115	143	174	204	235	5	36	67	97	128	158
18	85	116	144	175	205	236	6	37	68	98	129	159
19	86	117	145	176	206	237	7	38	69	99	130	160
20	87	118	146	177	207	238	8	39	70	100	131	161
21	88	119	147	178	208	239	9	40	71	101	132	162
22	89	120	148	179	209	240	10	41	72	102	133	163
23	90	121	149	180	210	241	11	42	73	103	134	164
24	91	122	150	181	211	242	12	43	74	104	135	165
25	92	123	151	182	212	243	13	44	75	105	136	166
26	93	124	152	183	213	244	14	45	76	106	137	167
27	94	125	153	184	214	245	15	46	77	107	138	168
28	95	126	154	185	215	246	16	47	78	108	139	169
29	96		155	186	216	247	17	48	79	109	140	170
30	97		156	187	217	248	18	49	80	110	141	171
31	98		157		218		19	50		111		172

■1916・1968・2020年

	1月	2月	3月	4月	5月	6月	7月	8月	9月	10月	11月	12月
1	173	204	233	3	33	64	94	125	156	186	217	247
2	174	205	234	4	34	65	95	126	157	187	218	248
3	175	206	235	5	35	66	96	127	158	188	219	249
4	176	207	236	6	36	67	97	128	159	189	220	250
5	177	208	237	7	37	68	98	129	160	190	221	251
6	178	209	238	8	38	69	99	130	161	191	222	252
7	179	210	239	9	39	70	100	131	162	192	223	253
8	180	211	240	10	40	71	101	132	163	193	224	254
9	181	212	241	11	41	72	102	133	164	194	225	255
10	182	213	242	12	42	73	103	134	165	195	226	256
11	183	214	243	13	43	74	104	135	166	196	227	257
12	184	215	244	14	44	75	105	136	167	197	228	258
13	185	216	245	15	45	76	106	137	168	198	229	259
14	186	217	246	16	46	77	107	138	169	199	230	260
15	187	218	247	17	47	78	108	139	170	200	231	1
16	188	219	248	18	48	79	109	140	171	201	232	2
17	189	220	249	19	49	80	110	141	172	202	233	3
18	190	221	250	20	50	81	111	142	173	203	234	4
19	191	222	251	21	51	82	112	143	174	204	235	5
20	192	223	252	22	52	83	113	144	175	205	236	6
21	193	224	253	23	53	84	114	145	176	206	237	7
22	194	225	254	24	54	85	115	146	177	207	238	8
23	195	226	255	25	55	86	116	147	178	208	239	9
24	196	227	256	26	56	87	117	148	179	209	240	10
25	197	228	257	27	57	88	118	149	180	210	241	11
26	198	229	258	28	58	89	119	150	181	211	242	12
27	199	230	259	29	59	90	120	151	182	212	243	13
28	200	231	260	30	60	91	121	152	183	213	244	14
29	201	232	1	31	61	92	122	153	184	214	245	15
30	202		2	32	62	93	123	154	185	215	246	16
31	203		3		63		124	155		216		17

■1917・1969・2021年

	1月	2月	3月	4月	5月	6月	7月	8月	9月	10月	11月	12月
1	18	49	77	108	138	169	199	230	1	31	62	92
2	19	50	78	109	139	170	200	231	2	32	63	93
3	20	51	79	110	140	171	201	232	3	33	64	94
4	21	52	80	111	141	172	202	233	4	34	65	95
5	22	53	81	112	142	173	203	234	5	35	66	96
6	23	54	82	113	143	174	204	235	6	36	67	97
7	24	55	83	114	144	175	205	236	7	37	68	98
8	25	56	84	115	145	176	206	237	8	38	69	99
9	26	57	85	116	146	177	207	238	9	39	70	100
10	27	58	86	117	147	178	208	239	10	40	71	101
11	28	59	87	118	148	179	209	240	11	41	72	102
12	29	60	88	119	149	180	210	241	12	42	73	103
13	30	61	89	120	150	181	211	242	13	43	74	104
14	31	62	90	121	151	182	212	243	14	44	75	105
15	32	63	91	122	152	183	213	244	15	45	76	106
16	33	64	92	123	153	184	214	245	16	46	77	107
17	34	65	93	124	154	185	215	246	17	47	78	108
18	35	66	94	125	155	186	216	247	18	48	79	109
19	36	67	95	126	156	187	217	248	19	49	80	110
20	37	68	96	127	157	188	218	249	20	50	81	111
21	38	69	97	128	158	189	219	250	21	51	82	112
22	39	70	98	129	159	190	220	251	22	52	83	113
23	40	71	99	130	160	191	221	252	23	53	84	114
24	41	72	100	131	161	192	222	253	24	54	85	115
25	42	73	101	132	162	193	223	254	25	55	86	116
26	43	74	102	133	163	194	224	255	26	56	87	117
27	44	75	103	134	164	195	225	256	27	57	88	118
28	45	76	104	135	165	196	226	257	28	58	89	119
29	46		105	136	166	197	227	258	29	59	90	120
30	47		106	137	167	198	228	259	30	60	91	121
31	48		107		168		229	260		61		122

■1918・1970・2022年

	1月	2月	3月	4月	5月	6月	7月	8月	9月	10月	11月	12月
1	123	154	182	213	243	14	44	75	106	136	167	197
2	124	155	183	214	244	15	45	76	107	137	168	198
3	125	156	184	215	245	16	46	77	108	138	169	199
4	126	157	185	216	246	17	47	78	109	139	170	200
5	127	158	186	217	247	18	48	79	110	140	171	201
6	128	159	187	218	248	19	49	80	111	141	172	202
7	129	160	188	219	249	20	50	81	112	142	173	203
8	130	161	189	220	250	21	51	82	113	143	174	204
9	131	162	190	221	251	22	52	83	114	144	175	205
10	132	163	191	222	252	23	53	84	115	145	176	206
11	133	164	192	223	253	24	54	85	116	146	177	207
12	134	165	193	224	254	25	55	86	117	147	178	208
13	135	166	194	225	255	26	56	87	118	148	179	209
14	136	167	195	226	256	27	57	88	119	149	180	210
15	137	168	196	227	257	28	58	89	120	150	181	211
16	138	169	197	228	258	29	59	90	121	151	182	212
17	139	170	198	229	259	30	60	91	122	152	183	213
18	140	171	199	230	260	31	61	92	123	153	184	214
19	141	172	200	231	1	32	62	93	124	154	185	215
20	142	173	201	232	2	33	63	94	125	155	186	216
21	143	174	202	233	3	34	64	95	126	156	187	217
22	144	175	203	234	4	35	65	96	127	157	188	218
23	145	176	204	235	5	36	66	97	128	158	189	219
24	146	177	205	236	6	37	67	98	129	159	190	220
25	147	178	206	237	7	38	68	99	130	160	191	221
26	148	179	207	238	8	39	69	100	131	161	192	222
27	149	180	208	239	9	40	70	101	132	162	193	223
28	150	181	209	240	10	41	71	102	133	163	194	224
29	151		210	241	11	42	72	103	134	164	195	225
30	152		211	242	12	43	73	104	135	165	196	226
31	153		212		13		74	105		166		227

■1919・1971・2023年

	1月	2月	3月	4月	5月	6月	7月	8月	9月	10月	11月	12月
1	228	259	27	58	88	119	149	180	211	241	12	42
2	229	260	28	59	89	120	150	181	212	242	13	43
3	230	1	29	60	90	121	151	182	213	243	14	44
4	231	2	30	61	91	122	152	183	214	244	15	45
5	232	3	31	62	92	123	153	184	215	245	16	46
6	233	4	32	63	93	124	154	185	216	246	17	47
7	234	5	33	64	94	125	155	186	217	247	18	48
8	235	6	34	65	95	126	156	187	218	248	19	49
9	236	7	35	66	96	127	157	188	219	249	20	50
10	237	8	36	67	97	128	158	189	220	250	21	51
11	238	9	37	68	98	129	159	190	221	251	22	52
12	239	10	38	69	99	130	160	191	222	252	23	53
13	240	11	39	70	100	131	161	192	223	253	24	54
14	241	12	40	71	101	132	162	193	224	254	25	55
15	242	13	41	72	102	133	163	194	225	255	26	56
16	243	14	42	73	103	134	164	195	226	256	27	57
17	244	15	43	74	104	135	165	196	227	257	28	58
18	245	16	44	75	105	136	166	197	228	258	29	59
19	246	17	45	76	106	137	167	198	229	259	30	60
20	247	18	46	77	107	138	168	199	230	260	31	61
21	248	19	47	78	108	139	169	200	231	1	32	62
22	249	20	48	79	109	140	170	201	232	2	33	63
23	250	21	49	80	110	141	171	202	233	3	34	64
24	251	22	50	81	111	142	172	203	234	4	35	65
25	252	23	51	82	112	143	173	204	235	5	36	66
26	253	24	52	83	113	144	174	205	236	6	37	67
27	254	25	53	84	114	145	175	206	237	7	38	68
28	255	26	54	85	115	146	176	207	238	8	39	69
29	256		55	86	116	147	177	208	239	9	40	70
30	257		56	87	117	148	178	209	240	10	41	71
31	258		57		118		179	210		11		72

■1920・1972・2024年

	1月	2月	3月	4月	5月	6月	7月	8月	9月	10月	11月	12月
1	73	104	133	163	193	224	254	25	56	86	117	147
2	74	105	134	164	194	225	255	26	57	87	118	148
3	75	106	135	165	195	226	256	27	58	88	119	149
4	76	107	136	166	196	227	257	28	59	89	120	150
5	77	108	137	167	197	228	258	29	60	90	121	151
6	78	109	138	168	198	229	259	30	61	91	122	152
7	79	110	139	169	199	230	260	31	62	92	123	153
8	80	111	140	170	200	231	1	32	63	93	124	154
9	81	112	141	171	201	232	2	33	64	94	125	155
10	82	113	142	172	202	233	3	34	65	95	126	156
11	83	114	143	173	203	234	4	35	66	96	127	157
12	84	115	144	174	204	235	5	36	67	97	128	158
13	85	116	145	175	205	236	6	37	68	98	129	159
14	86	117	146	176	206	237	7	38	69	99	130	160
15	87	118	147	177	207	238	8	39	70	100	131	161
16	88	119	148	178	208	239	9	40	71	101	132	162
17	89	120	149	179	209	240	10	41	72	102	133	163
18	90	121	150	180	210	241	11	42	73	103	134	164
19	91	122	151	181	211	242	12	43	74	104	135	165
20	92	123	152	182	212	243	13	44	75	105	136	166
21	93	124	153	183	213	244	14	45	76	106	137	167
22	94	125	154	184	214	245	15	46	77	107	138	168
23	95	126	155	185	215	246	16	47	78	108	139	169
24	96	127	156	186	216	247	17	48	79	109	140	170
25	97	128	157	187	217	248	18	49	80	110	141	171
26	98	129	158	188	218	249	19	50	81	111	142	172
27	99	130	159	189	219	250	20	51	82	112	143	173
28	100	131	160	190	220	251	21	52	83	113	144	174
29	101	132	161	191	221	252	22	53	84	114	145	175
30	102		162	192	222	253	23	54	85	115	146	176
31	103		163		223		24	55		116		177

■1921・1973・2025年

	1月	2月	3月	4月	5月	6月	7月	8月	9月	10月	11月	12月
1	178	209	237	8	38	69	99	130	161	191	222	252
2	179	210	238	9	39	70	100	131	162	192	223	253
3	180	211	239	10	40	71	101	132	163	193	224	254
4	181	212	240	11	41	72	102	133	164	194	225	255
5	182	213	241	12	42	73	103	134	165	195	226	256
6	183	214	242	13	43	74	104	135	166	196	227	257
7	184	215	243	14	44	75	105	136	167	197	228	258
8	185	216	244	15	45	76	106	137	168	198	229	259
9	186	217	245	16	46	77	107	138	169	199	230	260
10	187	218	246	17	47	78	108	139	170	200	231	1
11	188	219	247	18	48	79	109	140	171	201	232	2
12	189	220	248	19	49	80	110	141	172	202	233	3
13	190	221	249	20	50	81	111	142	173	203	234	4
14	191	222	250	21	51	82	112	143	174	204	235	5
15	192	223	251	22	52	83	113	144	175	205	236	6
16	193	224	252	23	53	84	114	145	176	206	237	7
17	194	225	253	24	54	85	115	146	177	207	238	8
18	195	226	254	25	55	86	116	147	178	208	239	9
19	196	227	255	26	56	87	117	148	179	209	240	10
20	197	228	256	27	57	88	118	149	180	210	241	11
21	198	229	257	28	58	89	119	150	181	211	242	12
22	199	230	258	29	59	90	120	151	182	212	243	13
23	200	231	259	30	60	91	121	152	183	213	244	14
24	201	232	260	31	61	92	122	153	184	214	245	15
25	202	233	1	32	62	93	123	154	185	215	246	16
26	203	234	2	33	63	94	124	155	186	216	247	17
27	204	235	3	34	64	95	125	156	187	217	248	18
28	205	236	4	35	65	96	126	157	188	218	249	19
29	206		5	36	66	97	127	158	189	219	250	20
30	207		6	37	67	98	128	159	190	220	251	21
31	208		7		68		129	160		221		22

■1922・1974・2026年

	1月	2月	3月	4月	5月	6月	7月	8月	9月	10月	11月	12月
1	23	54	82	113	143	174	204	235	6	36	67	97
2	24	55	83	114	144	175	205	236	7	37	68	98
3	25	56	84	115	145	176	206	237	8	38	69	99
4	26	57	85	116	146	177	207	238	9	39	70	100
5	27	58	86	117	147	178	208	239	10	40	71	101
6	28	59	87	118	148	179	209	240	11	41	72	102
7	29	60	88	119	149	180	210	241	12	42	73	103
8	30	61	89	120	150	181	211	242	13	43	74	104
9	31	62	90	121	151	182	212	243	14	44	75	105
10	32	63	91	122	152	183	213	244	15	45	76	106
11	33	64	92	123	153	184	214	245	16	46	77	107
12	34	65	93	124	154	185	215	246	17	47	78	108
13	35	66	94	125	155	186	216	247	18	48	79	109
14	36	67	95	126	156	187	217	248	19	49	80	110
15	37	68	96	127	157	188	218	249	20	50	81	111
16	38	69	97	128	158	189	219	250	21	51	82	112
17	39	70	98	129	159	190	220	251	22	52	83	113
18	40	71	99	130	160	191	221	252	23	53	84	114
19	41	72	100	131	161	192	222	253	24	54	85	115
20	42	73	101	132	162	193	223	254	25	55	86	116
21	43	74	102	133	163	194	224	255	26	56	87	117
22	44	75	103	134	164	195	225	256	27	57	88	118
23	45	76	104	135	165	196	226	257	28	58	89	119
24	46	77	105	136	166	197	227	258	29	59	90	120
25	47	78	106	137	167	198	228	259	30	60	91	121
26	48	79	107	138	168	199	229	260	31	61	92	122
27	49	80	108	139	169	200	230	1	32	62	93	123
28	50	81	109	140	170	201	231	2	33	63	94	124
29	51		110	141	171	202	232	3	34	64	95	125
30	52		111	142	172	203	233	4	35	65	96	126
31	53		112		173		234	5		66		127

■1923・1975・2027年

	1月	2月	3月	4月	5月	6月	7月	8月	9月	10月	11月	12月
1	128	159	187	218	248	19	49	80	111	141	172	202
2	129	160	188	219	249	20	50	81	112	142	173	203
3	130	161	189	220	250	21	51	82	113	143	174	204
4	131	162	190	221	251	22	52	83	114	144	175	205
5	132	163	191	222	252	23	53	84	115	145	176	206
6	133	164	192	223	253	24	54	85	116	146	177	207
7	134	165	193	224	254	25	55	86	117	147	178	208
8	135	166	194	225	255	26	56	87	118	148	179	209
9	136	167	195	226	256	27	57	88	119	149	180	210
10	137	168	196	227	257	28	58	89	120	150	181	211
11	138	169	197	228	258	29	59	90	121	151	182	212
12	139	170	198	229	259	30	60	91	122	152	183	213
13	140	171	199	230	260	31	61	92	123	153	184	214
14	141	172	200	231	1	32	62	93	124	154	185	215
15	142	173	201	232	2	33	63	94	125	155	186	216
16	143	174	202	233	3	34	64	95	126	156	187	217
17	144	175	203	234	4	35	65	96	127	157	188	218
18	145	176	204	235	5	36	66	97	128	158	189	219
19	146	177	205	236	6	37	67	98	129	159	190	220
20	147	178	206	237	7	38	68	99	130	160	191	221
21	148	179	207	238	8	39	69	100	131	161	192	222
22	149	180	208	239	9	40	70	101	132	162	193	223
23	150	181	209	240	10	41	71	102	133	163	194	224
24	151	182	210	241	11	42	72	103	134	164	195	225
25	152	183	211	242	12	43	73	104	135	165	196	226
26	153	184	212	243	13	44	74	105	136	166	197	227
27	154	185	213	244	14	45	75	106	137	167	198	228
28	155	186	214	245	15	46	76	107	138	168	199	229
29	156		215	246	16	47	77	108	139	169	200	230
30	157		216	247	17	48	78	109	140	170	201	231
31	158		217		18		79	110		171		232

■1924・1976・2028年

	1月	2月	3月	4月	5月	6月	7月	8月	9月	10月	11月	12月
1	233	4	33	63	93	124	154	185	216	246	17	47
2	234	5	34	64	94	125	155	186	217	247	18	48
3	235	6	35	65	95	126	156	187	218	248	19	49
4	236	7	36	66	96	127	157	188	219	249	20	50
5	237	8	37	67	97	128	158	189	220	250	21	51
6	238	9	38	68	98	129	159	190	221	251	22	52
7	239	10	39	69	99	130	160	191	222	252	23	53
8	240	11	40	70	100	131	161	192	223	253	24	54
9	241	12	41	71	101	132	162	193	224	254	25	55
10	242	13	42	72	102	133	163	194	225	255	26	56
11	243	14	43	73	103	134	164	195	226	256	27	57
12	244	15	44	74	104	135	165	196	227	257	28	58
13	245	16	45	75	105	136	166	197	228	258	29	59
14	246	17	46	76	106	137	167	198	229	259	30	60
15	247	18	47	77	107	138	168	199	230	260	31	61
16	248	19	48	78	108	139	169	200	231	1	32	62
17	249	20	49	79	109	140	170	201	232	2	33	63
18	250	21	50	80	110	141	171	202	233	3	34	64
19	251	22	51	81	111	142	172	203	234	4	35	65
20	252	23	52	82	112	143	173	204	235	5	36	66
21	253	24	53	83	113	144	174	205	236	6	37	67
22	254	25	54	84	114	145	175	206	237	7	38	68
23	255	26	55	85	115	146	176	207	238	8	39	69
24	256	27	56	86	116	147	177	208	239	9	40	70
25	257	28	57	87	117	148	178	209	240	10	41	71
26	258	29	58	88	118	149	179	210	241	11	42	72
27	259	30	59	89	119	150	180	211	242	12	43	73
28	260	31	60	90	120	151	181	212	243	13	44	74
29	1	32	61	91	121	152	182	213	244	14	45	75
30	2		62	92	122	153	183	214	245	15	46	76
31	3		63		123		184	215		16		77

■1925・1977・2029年

	1月	2月	3月	4月	5月	6月	7月	8月	9月	10月	11月	12月
1	78	109	137	168	198	229	259	30	61	91	122	152
2	79	110	138	169	199	230	260	31	62	92	123	153
3	80	111	139	170	200	231	1	32	63	93	124	154
4	81	112	140	171	201	232	2	33	64	94	125	155
5	82	113	141	172	202	233	3	34	65	95	126	156
6	83	114	142	173	203	234	4	35	66	96	127	157
7	84	115	143	174	204	235	5	36	67	97	128	158
8	85	116	144	175	205	236	6	37	68	98	129	159
9	86	117	145	176	206	237	7	38	69	99	130	160
10	87	118	146	177	207	238	8	39	70	100	131	161
11	88	119	147	178	208	239	9	40	71	101	132	162
12	89	120	148	179	209	240	10	41	72	102	133	163
13	90	121	149	180	210	241	11	42	73	103	134	164
14	91	122	150	181	211	242	12	43	74	104	135	165
15	92	123	151	182	212	243	13	44	75	105	136	166
16	93	124	152	183	213	244	14	45	76	106	137	167
17	94	125	153	184	214	245	15	46	77	107	138	168
18	95	126	154	185	215	246	16	47	78	108	139	169
19	96	127	155	186	216	247	17	48	79	109	140	170
20	97	128	156	187	217	248	18	49	80	110	141	171
21	98	129	157	188	218	249	19	50	81	111	142	172
22	99	130	158	189	219	250	20	51	82	112	143	173
23	100	131	159	190	220	251	21	52	83	113	144	174
24	101	132	160	191	221	252	22	53	84	114	145	175
25	102	133	161	192	222	253	23	54	85	115	146	176
26	103	134	162	193	223	254	24	55	86	116	147	177
27	104	135	163	194	224	255	25	56	87	117	148	178
28	105	136	164	195	225	256	26	57	88	118	149	179
29	106		165	196	226	257	27	58	89	119	150	180
30	107		166	197	227	258	28	59	90	120	151	181
31	108		167		228		29	60		121		182

■1926・1978・2030年

	1月	2月	3月	4月	5月	6月	7月	8月	9月	10月	11月	12月
1	183	214	242	13	43	74	104	135	166	196	227	257
2	184	215	243	14	44	75	105	136	167	197	228	258
3	185	216	244	15	45	76	106	137	168	198	229	259
4	186	217	245	16	46	77	107	138	169	199	230	260
5	187	218	246	17	47	78	108	139	170	200	231	1
6	188	219	247	18	48	79	109	140	171	201	232	2
7	189	220	248	19	49	80	110	141	172	202	233	3
8	190	221	249	20	50	81	111	142	173	203	234	4
9	191	222	250	21	51	82	112	143	174	204	235	5
10	192	223	251	22	52	83	113	144	175	205	236	6
11	193	224	252	23	53	84	114	145	176	206	237	7
12	194	225	253	24	54	85	115	146	177	207	238	8
13	195	226	254	25	55	86	116	147	178	208	239	9
14	196	227	255	26	56	87	117	148	179	209	240	10
15	197	228	256	27	57	88	118	149	180	210	241	11
16	198	229	257	28	58	89	119	150	181	211	242	12
17	199	230	258	29	59	90	120	151	182	212	243	13
18	200	231	259	30	60	91	121	152	183	213	244	14
19	201	232	260	31	61	92	122	153	184	214	245	15
20	202	233	1	32	62	93	123	154	185	215	246	16
21	203	234	2	33	63	94	124	155	186	216	247	17
22	204	235	3	34	64	95	125	156	187	217	248	18
23	205	236	4	35	65	96	126	157	188	218	249	19
24	206	237	5	36	66	97	127	158	189	219	250	20
25	207	238	6	37	67	98	128	159	190	220	251	21
26	208	239	7	38	68	99	129	160	191	221	252	22
27	209	240	8	39	69	100	130	161	192	222	253	23
28	210	241	9	40	70	101	131	162	193	223	254	24
29	211		10	41	71	102	132	163	194	224	255	25
30	212		11	42	72	103	133	164	195	225	256	26
31	213		12		73		134	165		226		27

■1927・1979・2031年

	1月	2月	3月	4月	5月	6月	7月	8月	9月	10月	11月	12月
1	28	59	87	118	148	179	209	240	11	41	72	102
2	29	60	88	119	149	180	210	241	12	42	73	103
3	30	61	89	120	150	181	211	242	13	43	74	104
4	31	62	90	121	151	182	212	243	14	44	75	105
5	32	63	91	122	152	183	213	244	15	45	76	106
6	33	64	92	123	153	184	214	245	16	46	77	107
7	34	65	93	124	154	185	215	246	17	47	78	108
8	35	66	94	125	155	186	216	247	18	48	79	109
9	36	67	95	126	156	187	217	248	19	49	80	110
10	37	68	96	127	157	188	218	249	20	50	81	111
11	38	69	97	128	158	189	219	250	21	51	82	112
12	39	70	98	129	159	190	220	251	22	52	83	113
13	40	71	99	130	160	191	221	252	23	53	84	114
14	41	72	100	131	161	192	222	253	24	54	85	115
15	42	73	101	132	162	193	223	254	25	55	86	116
16	43	74	102	133	163	194	224	255	26	56	87	117
17	44	75	103	134	164	195	225	256	27	57	88	118
18	45	76	104	135	165	196	226	257	28	58	89	119
19	46	77	105	136	166	197	227	258	29	59	90	120
20	47	78	106	137	167	198	228	259	30	60	91	121
21	48	79	107	138	168	199	229	260	31	61	92	122
22	49	80	108	139	169	200	230	1	32	62	93	123
23	50	81	109	140	170	201	231	2	33	63	94	124
24	51	82	110	141	171	202	232	3	34	64	95	125
25	52	83	111	142	172	203	233	4	35	65	96	126
26	53	84	112	143	173	204	234	5	36	66	97	127
27	54	85	113	144	174	205	235	6	37	67	98	128
28	55	86	114	145	175	206	236	7	38	68	99	129
29	56		115	146	176	207	237	8	39	69	100	130
30	57		116	147	177	208	238	9	40	70	101	131
31	58		117		178		239	10		71		132

■1928・1980・2032年

	1月	2月	3月	4月	5月	6月	7月	8月	9月	10月	11月	12月
1	133	164	193	223	253	24	54	85	116	146	177	207
2	134	165	194	224	254	25	55	86	117	147	178	208
3	135	166	195	225	255	26	56	87	118	148	179	209
4	136	167	196	226	256	27	57	88	119	149	180	210
5	137	168	197	227	257	28	58	89	120	150	181	211
6	138	169	198	228	258	29	59	90	121	151	182	212
7	139	170	199	229	259	30	60	91	122	152	183	213
8	140	171	200	230	260	31	61	92	123	153	184	214
9	141	172	201	231	1	32	62	93	124	154	185	215
10	142	173	202	232	2	33	63	94	125	155	186	216
11	143	174	203	233	3	34	64	95	126	156	187	217
12	144	175	204	234	4	35	65	96	127	157	188	218
13	145	176	205	235	5	36	66	97	128	158	189	219
14	146	177	206	236	6	37	67	98	129	159	190	220
15	147	178	207	237	7	38	68	99	130	160	191	221
16	148	179	208	238	8	39	69	100	131	161	192	222
17	149	180	209	239	9	40	70	101	132	162	193	223
18	150	181	210	240	10	41	71	102	133	163	194	224
19	151	182	211	241	11	42	72	103	134	164	195	225
20	152	183	212	242	12	43	73	104	135	165	196	226
21	153	184	213	243	13	44	74	105	136	166	197	227
22	154	185	214	244	14	45	75	106	137	167	198	228
23	155	186	215	245	15	46	76	107	138	168	199	229
24	156	187	216	246	16	47	77	108	139	169	200	230
25	157	188	217	247	17	48	78	109	140	170	201	231
26	158	189	218	248	18	49	79	110	141	171	202	232
27	159	190	219	249	19	50	80	111	142	172	203	233
28	160	191	220	250	20	51	81	112	143	173	204	234
29	161	192	221	251	21	52	82	113	144	174	205	235
30	162		222	252	22	53	83	114	145	175	206	236
31	163		223		23		84	115		176		237

■1929・1981・2033年

	1月	2月	3月	4月	5月	6月	7月	8月	9月	10月	11月	12月
1	238	9	37	68	98	129	159	190	221	251	22	52
2	239	10	38	69	99	130	160	191	222	252	23	53
3	240	11	39	70	100	131	161	192	223	253	24	54
4	241	12	40	71	101	132	162	193	224	254	25	55
5	242	13	41	72	102	133	163	194	225	255	26	56
6	243	14	42	73	103	134	164	195	226	256	27	57
7	244	15	43	74	104	135	165	196	227	257	28	58
8	245	16	44	75	105	136	166	197	228	258	29	59
9	246	17	45	76	106	137	167	198	229	259	30	60
10	247	18	46	77	107	138	168	199	230	260	31	61
11	248	19	47	78	108	139	169	200	231	1	32	62
12	249	20	48	79	109	140	170	201	232	2	33	63
13	250	21	49	80	110	141	171	202	233	3	34	64
14	251	22	50	81	111	142	172	203	234	4	35	65
15	252	23	51	82	112	143	173	204	235	5	36	66
16	253	24	52	83	113	144	174	205	236	6	37	67
17	254	25	53	84	114	145	175	206	237	7	38	68
18	255	26	54	85	115	146	176	207	238	8	39	69
19	256	27	55	86	116	147	177	208	239	9	40	70
20	257	28	56	87	117	148	178	209	240	10	41	71
21	258	29	57	88	118	149	179	210	241	11	42	72
22	259	30	58	89	119	150	180	211	242	12	43	73
23	260	31	59	90	120	151	181	212	243	13	44	74
24	1	32	60	91	121	152	182	213	244	14	45	75
25	2	33	61	92	122	153	183	214	245	15	46	76
26	3	34	62	93	123	154	184	215	246	16	47	77
27	4	35	63	94	124	155	185	216	247	17	48	78
28	5	36	64	95	125	156	186	217	248	18	49	79
29	6		65	96	126	157	187	218	249	19	50	80
30	7		66	97	127	158	188	219	250	20	51	81
31	8		67		128		189	220		21		82

■1930・1982・2034年

	1月	2月	3月	4月	5月	6月	7月	8月	9月	10月	11月	12月
1	83	114	142	173	203	234	4	35	66	96	127	157
2	84	115	143	174	204	235	5	36	67	97	128	158
3	85	116	144	175	205	236	6	37	68	98	129	159
4	86	117	145	176	206	237	7	38	69	99	130	160
5	87	118	146	177	207	238	8	39	70	100	131	161
6	88	119	147	178	208	239	9	40	71	101	132	162
7	89	120	148	179	209	240	10	41	72	102	133	163
8	90	121	149	180	210	241	11	42	73	103	134	164
9	91	122	150	181	211	242	12	43	74	104	135	165
10	92	123	151	182	212	243	13	44	75	105	136	166
11	93	124	152	183	213	244	14	45	76	106	137	167
12	94	125	153	184	214	245	15	46	77	107	138	168
13	95	126	154	185	215	246	16	47	78	108	139	169
14	96	127	155	186	216	247	17	48	79	109	140	170
15	97	128	156	187	217	248	18	49	80	110	141	171
16	98	129	157	188	218	249	19	50	81	111	142	172
17	99	130	158	189	219	250	20	51	82	112	143	173
18	100	131	159	190	220	251	21	52	83	113	144	174
19	101	132	160	191	221	252	22	53	84	114	145	175
20	102	133	161	192	222	253	23	54	85	115	146	176
21	103	134	162	193	223	254	24	55	86	116	147	177
22	104	135	163	194	224	255	25	56	87	117	148	178
23	105	136	164	195	225	256	26	57	88	118	149	179
24	106	137	165	196	226	257	27	58	89	119	150	180
25	107	138	166	197	227	258	28	59	90	120	151	181
26	108	139	167	198	228	259	29	60	91	121	152	182
27	109	140	168	199	229	260	30	61	92	122	153	183
28	110	141	169	200	230	1	31	62	93	123	154	184
29	111		170	201	231	2	32	63	94	124	155	185
30	112		171	202	232	3	33	64	95	125	156	186
31	113		172		233		34	65		126		187

■1931・1983・2035年

	1月	2月	3月	4月	5月	6月	7月	8月	9月	10月	11月	12月
1	188	219	247	18	48	79	109	140	171	201	232	2
2	189	220	248	19	49	80	110	141	172	202	233	3
3	190	221	249	20	50	81	111	142	173	203	234	4
4	191	222	250	21	51	82	112	143	174	204	235	5
5	192	223	251	22	52	83	113	144	175	205	236	6
6	193	224	252	23	53	84	114	145	176	206	237	7
7	194	225	253	24	54	85	115	146	177	207	238	8
8	195	226	254	25	55	86	116	147	178	208	239	9
9	196	227	255	26	56	87	117	148	179	209	240	10
10	197	228	256	27	57	88	118	149	180	210	241	11
11	198	229	257	28	58	89	119	150	181	211	242	12
12	199	230	258	29	59	90	120	151	182	212	243	13
13	200	231	259	30	60	91	121	152	183	213	244	14
14	201	232	260	31	61	92	122	153	184	214	245	15
15	202	233	1	32	62	93	123	154	185	215	246	16
16	203	234	2	33	63	94	124	155	186	216	247	17
17	204	235	3	34	64	95	125	156	187	217	248	18
18	205	236	4	35	65	96	126	157	188	218	249	19
19	206	237	5	36	66	97	127	158	189	219	250	20
20	207	238	6	37	67	98	128	159	190	220	251	21
21	208	239	7	38	68	99	129	160	191	221	252	22
22	209	240	8	39	69	100	130	161	192	222	253	23
23	210	241	9	40	70	101	131	162	193	223	254	24
24	211	242	10	41	71	102	132	163	194	224	255	25
25	212	243	11	42	72	103	133	164	195	225	256	26
26	213	244	12	43	73	104	134	165	196	226	257	27
27	214	245	13	44	74	105	135	166	197	227	258	28
28	215	246	14	45	75	106	136	167	198	228	259	29
29	216		15	46	76	107	137	168	199	229	260	30
30	217		16	47	77	108	138	169	200	230	1	31
31	218		17		78		139	170		231		32

■1932・1984・2036年

	1月	2月	3月	4月	5月	6月	7月	8月	9月	10月	11月	12月
1	33	64	93	123	153	184	214	245	16	46	77	107
2	34	65	94	124	154	185	215	246	17	47	78	108
3	35	66	95	125	155	186	216	247	18	48	79	109
4	36	67	96	126	156	187	217	248	19	49	80	110
5	37	68	97	127	157	188	218	249	20	50	81	111
6	38	69	98	128	158	189	219	250	21	51	82	112
7	39	70	99	129	159	190	220	251	22	52	83	113
8	40	71	100	130	160	191	221	252	23	53	84	114
9	41	72	101	131	161	192	222	253	24	54	85	115
10	42	73	102	132	162	193	223	254	25	55	86	116
11	43	74	103	133	163	194	224	255	26	56	87	117
12	44	75	104	134	164	195	225	256	27	57	88	118
13	45	76	105	135	165	196	226	257	28	58	89	119
14	46	77	106	136	166	197	227	258	29	59	90	120
15	47	78	107	137	167	198	228	259	30	60	91	121
16	48	79	108	138	168	199	229	260	31	61	92	122
17	49	80	109	139	169	200	230	1	32	62	93	123
18	50	81	110	140	170	201	231	2	33	63	94	124
19	51	82	111	141	171	202	232	3	34	64	95	125
20	52	83	112	142	172	203	233	4	35	65	96	126
21	53	84	113	143	173	204	234	5	36	66	97	127
22	54	85	114	144	174	205	235	6	37	67	98	128
23	55	86	115	145	175	206	236	7	38	68	99	129
24	56	87	116	146	176	207	237	8	39	69	100	130
25	57	88	117	147	177	208	238	9	40	70	101	131
26	58	89	118	148	178	209	239	10	41	71	102	132
27	59	90	119	149	179	210	240	11	42	72	103	133
28	60	91	120	150	180	211	241	12	43	73	104	134
29	61	92	121	151	181	212	242	13	44	74	105	135
30	62		122	152	182	213	243	14	45	75	106	136
31	63		123		183		244	15		76		137

■1933・1985・2037年

	1月	2月	3月	4月	5月	6月	7月	8月	9月	10月	11月	12月
1	138	169	197	228	258	29	59	90	121	151	182	212
2	139	170	198	229	259	30	60	91	122	152	183	213
3	140	171	199	230	260	31	61	92	123	153	184	214
4	141	172	200	231	1	32	62	93	124	154	185	215
5	142	173	201	232	2	33	63	94	125	155	186	216
6	143	174	202	233	3	34	64	95	126	156	187	217
7	144	175	203	234	4	35	65	96	127	157	188	218
8	145	176	204	235	5	36	66	97	128	158	189	219
9	146	177	205	236	6	37	67	98	129	159	190	220
10	147	178	206	237	7	38	68	99	130	160	191	221
11	148	179	207	238	8	39	69	100	131	161	192	222
12	149	180	208	239	9	40	70	101	132	162	193	223
13	150	181	209	240	10	41	71	102	133	163	194	224
14	151	182	210	241	11	42	72	103	134	164	195	225
15	152	183	211	242	12	43	73	104	135	165	196	226
16	153	184	212	243	13	44	74	105	136	166	197	227
17	154	185	213	244	14	45	75	106	137	167	198	228
18	155	186	214	245	15	46	76	107	138	168	199	229
19	156	187	215	246	16	47	77	108	139	169	200	230
20	157	188	216	247	17	48	78	109	140	170	201	231
21	158	189	217	248	18	49	79	110	141	171	202	232
22	159	190	218	249	19	50	80	111	142	172	203	233
23	160	191	219	250	20	51	81	112	143	173	204	234
24	161	192	220	251	21	52	82	113	144	174	205	235
25	162	193	221	252	22	53	83	114	145	175	206	236
26	163	194	222	253	23	54	84	115	146	176	207	237
27	164	195	223	254	24	55	85	116	147	177	208	238
28	165	196	224	255	25	56	86	117	148	178	209	239
29	166		225	256	26	57	87	118	149	179	210	240
30	167		226	257	27	58	88	119	150	180	211	241
31	168		227		28		89	120		181		242

■1934・1986・2038年

	1月	2月	3月	4月	5月	6月	7月	8月	9月	10月	11月	12月
1	243	14	42	73	103	134	164	195	226	256	27	57
2	244	15	43	74	104	135	165	196	227	257	28	58
3	245	16	44	75	105	136	166	197	228	258	29	59
4	246	17	45	76	106	137	167	198	229	259	30	60
5	247	18	46	77	107	138	168	199	230	260	31	61
6	248	19	47	78	108	139	169	200	231	1	32	62
7	249	20	48	79	109	140	170	201	232	2	33	63
8	250	21	49	80	110	141	171	202	233	3	34	64
9	251	22	50	81	111	142	172	203	234	4	35	65
10	252	23	51	82	112	143	173	204	235	5	36	66
11	253	24	52	83	113	144	174	205	236	6	37	67
12	254	25	53	84	114	145	175	206	237	7	38	68
13	255	26	54	85	115	146	176	207	238	8	39	69
14	256	27	55	86	116	147	177	208	239	9	40	70
15	257	28	56	87	117	148	178	209	240	10	41	71
16	258	29	57	88	118	149	179	210	241	11	42	72
17	259	30	58	89	119	150	180	211	242	12	43	73
18	260	31	59	90	120	151	181	212	243	13	44	74
19	1	32	60	91	121	152	182	213	244	14	45	75
20	2	33	61	92	122	153	183	214	245	15	46	76
21	3	34	62	93	123	154	184	215	246	16	47	77
22	4	35	63	94	124	155	185	216	247	17	48	78
23	5	36	64	95	125	156	186	217	248	18	49	79
24	6	37	65	96	126	157	187	218	249	19	50	80
25	7	38	66	97	127	158	188	219	250	20	51	81
26	8	39	67	98	128	159	189	220	251	21	52	82
27	9	40	68	99	129	160	190	221	252	22	53	83
28	10	41	69	100	130	161	191	222	253	23	54	84
29	11		70	101	131	162	192	223	254	24	55	85
30	12		71	102	132	163	193	224	255	25	56	86
31	13		72		133		194	225		26		87

■1935・1987・2039年

	1月	2月	3月	4月	5月	6月	7月	8月	9月	10月	11月	12月
1	88	119	147	178	208	239	9	40	71	101	132	162
2	89	120	148	179	209	240	10	41	72	102	133	163
3	90	121	149	180	210	241	11	42	73	103	134	164
4	91	122	150	181	211	242	12	43	74	104	135	165
5	92	123	151	182	212	243	13	44	75	105	136	166
6	93	124	152	183	213	244	14	45	76	106	137	167
7	94	125	153	184	214	245	15	46	77	107	138	168
8	95	126	154	185	215	246	16	47	78	108	139	169
9	96	127	155	186	216	247	17	48	79	109	140	170
10	97	128	156	187	217	248	18	49	80	110	141	171
11	98	129	157	188	218	249	19	50	81	111	142	172
12	99	130	158	189	219	250	20	51	82	112	143	173
13	100	131	159	190	220	251	21	52	83	113	144	174
14	101	132	160	191	221	252	22	53	84	114	145	175
15	102	133	161	192	222	253	23	54	85	115	146	176
16	103	134	162	193	223	254	24	55	86	116	147	177
17	104	135	163	194	224	255	25	56	87	117	148	178
18	105	136	164	195	225	256	26	57	88	118	149	179
19	106	137	165	196	226	257	27	58	89	119	150	180
20	107	138	166	197	227	258	28	59	90	120	151	181
21	108	139	167	198	228	259	29	60	91	121	152	182
22	109	140	168	199	229	260	30	61	92	122	153	183
23	110	141	169	200	230	1	31	62	93	123	154	184
24	111	142	170	201	231	2	32	63	94	124	155	185
25	112	143	171	202	232	3	33	64	95	125	156	186
26	113	144	172	203	233	4	34	65	96	126	157	187
27	114	145	173	204	234	5	35	66	97	127	158	188
28	115	146	174	205	235	6	36	67	98	128	159	189
29	116		175	206	236	7	37	68	99	129	160	190
30	117		176	207	237	8	38	69	100	130	161	191
31	118		177		238		39	70		131		192

■1936・1988・2040年

	1月	2月	3月	4月	5月	6月	7月	8月	9月	10月	11月	12月
1	193	224	253	23	53	84	114	145	176	206	237	7
2	194	225	254	24	54	85	115	146	177	207	238	8
3	195	226	255	25	55	86	116	147	178	208	239	9
4	196	227	256	26	56	87	117	148	179	209	240	10
5	197	228	257	27	57	88	118	149	180	210	241	11
6	198	229	258	28	58	89	119	150	181	211	242	12
7	199	230	259	29	59	90	120	151	182	212	243	13
8	200	231	260	30	60	91	121	152	183	213	244	14
9	201	232	1	31	61	92	122	153	184	214	245	15
10	202	233	2	32	62	93	123	154	185	215	246	16
11	203	234	3	33	63	94	124	155	186	216	247	17
12	204	235	4	34	64	95	125	156	187	217	248	18
13	205	236	5	35	65	96	126	157	188	218	249	19
14	206	237	6	36	66	97	127	158	189	219	250	20
15	207	238	7	37	67	98	128	159	190	220	251	21
16	208	239	8	38	68	99	129	160	191	221	252	22
17	209	240	9	39	69	100	130	161	192	222	253	23
18	210	241	10	40	70	101	131	162	193	223	254	24
19	211	242	11	41	71	102	132	163	194	224	255	25
20	212	243	12	42	72	103	133	164	195	225	256	26
21	213	244	13	43	73	104	134	165	196	226	257	27
22	214	245	14	44	74	105	135	166	197	227	258	28
23	215	246	15	45	75	106	136	167	198	228	259	29
24	216	247	16	46	76	107	137	168	199	229	260	30
25	217	248	17	47	77	108	138	169	200	230	1	31
26	218	249	18	48	78	109	139	170	201	231	2	32
27	219	250	19	49	79	110	140	171	202	232	3	33
28	220	251	20	50	80	111	141	172	203	233	4	34
29	221	252	21	51	81	112	142	173	204	234	5	35
30	222		22	52	82	113	143	174	205	235	6	36
31	223		23		83		144	175		236		37

■1937・1989・2041年

	1月	2月	3月	4月	5月	6月	7月	8月	9月	10月	11月	12月
1	38	69	97	128	158	189	219	250	21	51	82	112
2	39	70	98	129	159	190	220	251	22	52	83	113
3	40	71	99	130	160	191	221	252	23	53	84	114
4	41	72	100	131	161	192	222	253	24	54	85	115
5	42	73	101	132	162	193	223	254	25	55	86	116
6	43	74	102	133	163	194	224	255	26	56	87	117
7	44	75	103	134	164	195	225	256	27	57	88	118
8	45	76	104	135	165	196	226	257	28	58	89	119
9	46	77	105	136	166	197	227	258	29	59	90	120
10	47	78	106	137	167	198	228	259	30	60	91	121
11	48	79	107	138	168	199	229	260	31	61	92	122
12	49	80	108	139	169	200	230	1	32	62	93	123
13	50	81	109	140	170	201	231	2	33	63	94	124
14	51	82	110	141	171	202	232	3	34	64	95	125
15	52	83	111	142	172	203	233	4	35	65	96	126
16	53	84	112	143	173	204	234	5	36	66	97	127
17	54	85	113	144	174	205	235	6	37	67	98	128
18	55	86	114	145	175	206	236	7	38	68	99	129
19	56	87	115	146	176	207	237	8	39	69	100	130
20	57	88	116	147	177	208	238	9	40	70	101	131
21	58	89	117	148	178	209	239	10	41	71	102	132
22	59	90	118	149	179	210	240	11	42	72	103	133
23	60	91	119	150	180	211	241	12	43	73	104	134
24	61	92	120	151	181	212	242	13	44	74	105	135
25	62	93	121	152	182	213	243	14	45	75	106	136
26	63	94	122	153	183	214	244	15	46	76	107	137
27	64	95	123	154	184	215	245	16	47	77	108	138
28	65	96	124	155	185	216	246	17	48	78	109	139
29	66		125	156	186	217	247	18	49	79	110	140
30	67		126	157	187	218	248	19	50	80	111	141
31	68		127		188		249	20		81		142

■1938・1990・2042年

	1月	2月	3月	4月	5月	6月	7月	8月	9月	10月	11月	12月
1	143	174	202	233	3	34	64	95	126	156	187	217
2	144	175	203	234	4	35	65	96	127	157	188	218
3	145	176	204	235	5	36	66	97	128	158	189	219
4	146	177	205	236	6	37	67	98	129	159	190	220
5	147	178	206	237	7	38	68	99	130	160	191	221
6	148	179	207	238	8	39	69	100	131	161	192	222
7	149	180	208	239	9	40	70	101	132	162	193	223
8	150	181	209	240	10	41	71	102	133	163	194	224
9	151	182	210	241	11	42	72	103	134	164	195	225
10	152	183	211	242	12	43	73	104	135	165	196	226
11	153	184	212	243	13	44	74	105	136	166	197	227
12	154	185	213	244	14	45	75	106	137	167	198	228
13	155	186	214	245	15	46	76	107	138	168	199	229
14	156	187	215	246	16	47	77	108	139	169	200	230
15	157	188	216	247	17	48	78	109	140	170	201	231
16	158	189	217	248	18	49	79	110	141	171	202	232
17	159	190	218	249	19	50	80	111	142	172	203	233
18	160	191	219	250	20	51	81	112	143	173	204	234
19	161	192	220	251	21	52	82	113	144	174	205	235
20	162	193	221	252	22	53	83	114	145	175	206	236
21	163	194	222	253	23	54	84	115	146	176	207	237
22	164	195	223	254	24	55	85	116	147	177	208	238
23	165	196	224	255	25	56	86	117	148	178	209	239
24	166	197	225	256	26	57	87	118	149	179	210	240
25	167	198	226	257	27	58	88	119	150	180	211	241
26	168	199	227	258	28	59	89	120	151	181	212	242
27	169	200	228	259	29	60	90	121	152	182	213	243
28	170	201	229	260	30	61	91	122	153	183	214	244
29	171		230	1	31	62	92	123	154	184	215	245
30	172		231	2	32	63	93	124	155	185	216	246
31	173		232		33		94	125		186		247

■1939・1991・2043年

	1月	2月	3月	4月	5月	6月	7月	8月	9月	10月	11月	12月
1	248	19	47	78	108	139	169	200	231	1	32	62
2	249	20	48	79	109	140	170	201	232	2	33	63
3	250	21	49	80	110	141	171	202	233	3	34	64
4	251	22	50	81	111	142	172	203	234	4	35	65
5	252	23	51	82	112	143	173	204	235	5	36	66
6	253	24	52	83	113	144	174	205	236	6	37	67
7	254	25	53	84	114	145	175	206	237	7	38	68
8	255	26	54	85	115	146	176	207	238	8	39	69
9	256	27	55	86	116	147	177	208	239	9	40	70
10	257	28	56	87	117	148	178	209	240	10	41	71
11	258	29	57	88	118	149	179	210	241	11	42	72
12	259	30	58	89	119	150	180	211	242	12	43	73
13	260	31	59	90	120	151	181	212	243	13	44	74
14	1	32	60	91	121	152	182	213	244	14	45	75
15	2	33	61	92	122	153	183	214	245	15	46	76
16	3	34	62	93	123	154	184	215	246	16	47	77
17	4	35	63	94	124	155	185	216	247	17	48	78
18	5	36	64	95	125	156	186	217	248	18	49	79
19	6	37	65	96	126	157	187	218	249	19	50	80
20	7	38	66	97	127	158	188	219	250	20	51	81
21	8	39	67	98	128	159	189	220	251	21	52	82
22	9	40	68	99	129	160	190	221	252	22	53	83
23	10	41	69	100	130	161	191	222	253	23	54	84
24	11	42	70	101	131	162	192	223	254	24	55	85
25	12	43	71	102	132	163	193	224	255	25	56	86
26	13	44	72	103	133	164	194	225	256	26	57	87
27	14	45	73	104	134	165	195	226	257	27	58	88
28	15	46	74	105	135	166	196	227	258	28	59	89
29	16		75	106	136	167	197	228	259	29	60	90
30	17		76	107	137	168	198	229	260	30	61	91
31	18		77		138		199	230		31		92

■1940・1992・2044年

	1月	2月	3月	4月	5月	6月	7月	8月	9月	10月	11月	12月
1	93	124	153	183	213	244	14	45	76	106	137	167
2	94	125	154	184	214	245	15	46	77	107	138	168
3	95	126	155	185	215	246	16	47	78	108	139	169
4	96	127	156	186	216	247	17	48	79	109	140	170
5	97	128	157	187	217	248	18	49	80	110	141	171
6	98	129	158	188	218	249	19	50	81	111	142	172
7	99	130	159	189	219	250	20	51	82	112	143	173
8	100	131	160	190	220	251	21	52	83	113	144	174
9	101	132	161	191	221	252	22	53	84	114	145	175
10	102	133	162	192	222	253	23	54	85	115	146	176
11	103	134	163	193	223	254	24	55	86	116	147	177
12	104	135	164	194	224	255	25	56	87	117	148	178
13	105	136	165	195	225	256	26	57	88	118	149	179
14	106	137	166	196	226	257	27	58	89	119	150	180
15	107	138	167	197	227	258	28	59	90	120	151	181
16	108	139	168	198	228	259	29	60	91	121	152	182
17	109	140	169	199	229	260	30	61	92	122	153	183
18	110	141	170	200	230	1	31	62	93	123	154	184
19	111	142	171	201	231	2	32	63	94	124	155	185
20	112	143	172	202	232	3	33	64	95	125	156	186
21	113	144	173	203	233	4	34	65	96	126	157	187
22	114	145	174	204	234	5	35	66	97	127	158	188
23	115	146	175	205	235	6	36	67	98	128	159	189
24	116	147	176	206	236	7	37	68	99	129	160	190
25	117	148	177	207	237	8	38	69	100	130	161	191
26	118	149	178	208	238	9	39	70	101	131	162	192
27	119	150	179	209	239	10	40	71	102	132	163	193
28	120	151	180	210	240	11	41	72	103	133	164	194
29	121	152	181	211	241	12	42	73	104	134	165	195
30	122		182	212	242	13	43	74	105	135	166	196
31	123		183		243		44	75		136		197

■1941・1993・2045年

	1月	2月	3月	4月	5月	6月	7月	8月	9月	10月	11月	12月
1	198	229	257	28	58	89	119	150	181	211	242	12
2	199	230	258	29	59	90	120	151	182	212	243	13
3	200	231	259	30	60	91	121	152	183	213	244	14
4	201	232	260	31	61	92	122	153	184	214	245	15
5	202	233	1	32	62	93	123	154	185	215	246	16
6	203	234	2	33	63	94	124	155	186	216	247	17
7	204	235	3	34	64	95	125	156	187	217	248	18
8	205	236	4	35	65	96	126	157	188	218	249	19
9	206	237	5	36	66	97	127	158	189	219	250	20
10	207	238	6	37	67	98	128	159	190	220	251	21
11	208	239	7	38	68	99	129	160	191	221	252	22
12	209	240	8	39	69	100	130	161	192	222	253	23
13	210	241	9	40	70	101	131	162	193	223	254	24
14	211	242	10	41	71	102	132	163	194	224	255	25
15	212	243	11	42	72	103	133	164	195	225	256	26
16	213	244	12	43	73	104	134	165	196	226	257	27
17	214	245	13	44	74	105	135	166	197	227	258	28
18	215	246	14	45	75	106	136	167	198	228	259	29
19	216	247	15	46	76	107	137	168	199	229	260	30
20	217	248	16	47	77	108	138	169	200	230	1	31
21	218	249	17	48	78	109	139	170	201	231	2	32
22	219	250	18	49	79	110	140	171	202	232	3	33
23	220	251	19	50	80	111	141	172	203	233	4	34
24	221	252	20	51	81	112	142	173	204	234	5	35
25	222	253	21	52	82	113	143	174	205	235	6	36
26	223	254	22	53	83	114	144	175	206	236	7	37
27	224	255	23	54	84	115	145	176	207	237	8	38
28	225	256	24	55	85	116	146	177	208	238	9	39
29	226		25	56	86	117	147	178	209	239	10	40
30	227		26	57	87	118	148	179	210	240	11	41
31	228		27		88		149	180		241		42

■1942・1994・2046年

	1月	2月	3月	4月	5月	6月	7月	8月	9月	10月	11月	12月
1	43	74	102	133	163	194	224	255	26	56	87	117
2	44	75	103	134	164	195	225	256	27	57	88	118
3	45	76	104	135	165	196	226	257	28	58	89	119
4	46	77	105	136	166	197	227	258	29	59	90	120
5	47	78	106	137	167	198	228	259	30	60	91	121
6	48	79	107	138	168	199	229	260	31	61	92	122
7	49	80	108	139	169	200	230	1	32	62	93	123
8	50	81	109	140	170	201	231	2	33	63	94	124
9	51	82	110	141	171	202	232	3	34	64	95	125
10	52	83	111	142	172	203	233	4	35	65	96	126
11	53	84	112	143	173	204	234	5	36	66	97	127
12	54	85	113	144	174	205	235	6	37	67	98	128
13	55	86	114	145	175	206	236	7	38	68	99	129
14	56	87	115	146	176	207	237	8	39	69	100	130
15	57	88	116	147	177	208	238	9	40	70	101	131
16	58	89	117	148	178	209	239	10	41	71	102	132
17	59	90	118	149	179	210	240	11	42	72	103	133
18	60	91	119	150	180	211	241	12	43	73	104	134
19	61	92	120	151	181	212	242	13	44	74	105	135
20	62	93	121	152	182	213	243	14	45	75	106	136
21	63	94	122	153	183	214	244	15	46	76	107	137
22	64	95	123	154	184	215	245	16	47	77	108	138
23	65	96	124	155	185	216	246	17	48	78	109	139
24	66	97	125	156	186	217	247	18	49	79	110	140
25	67	98	126	157	187	218	248	19	50	80	111	141
26	68	99	127	158	188	219	249	20	51	81	112	142
27	69	100	128	159	189	220	250	21	52	82	113	143
28	70	101	129	160	190	221	251	22	53	83	114	144
29	71		130	161	191	222	252	23	54	84	115	145
30	72		131	162	192	223	253	24	55	85	116	146
31	73		132		193		254	25		86		147

■1943・1995・2047年

	1月	2月	3月	4月	5月	6月	7月	8月	9月	10月	11月	12月
1	148	179	207	238	8	39	69	100	131	161	192	222
2	149	180	208	239	9	40	70	101	132	162	193	223
3	150	181	209	240	10	41	71	102	133	163	194	224
4	151	182	210	241	11	42	72	103	134	164	195	225
5	152	183	211	242	12	43	73	104	135	165	196	226
6	153	184	212	243	13	44	74	105	136	166	197	227
7	154	185	213	244	14	45	75	106	137	167	198	228
8	155	186	214	245	15	46	76	107	138	168	199	229
9	156	187	215	246	16	47	77	108	139	169	200	230
10	157	188	216	247	17	48	78	109	140	170	201	231
11	158	189	217	248	18	49	79	110	141	171	202	232
12	159	190	218	249	19	50	80	111	142	172	203	233
13	160	191	219	250	20	51	81	112	143	173	204	234
14	161	192	220	251	21	52	82	113	144	174	205	235
15	162	193	221	252	22	53	83	114	145	175	206	236
16	163	194	222	253	23	54	84	115	146	176	207	237
17	164	195	223	254	24	55	85	116	147	177	208	238
18	165	196	224	255	25	56	86	117	148	178	209	239
19	166	197	225	256	26	57	87	118	149	179	210	240
20	167	198	226	257	27	58	88	119	150	180	211	241
21	168	199	227	258	28	59	89	120	151	181	212	242
22	169	200	228	259	29	60	90	121	152	182	213	243
23	170	201	229	260	30	61	91	122	153	183	214	244
24	171	202	230	1	31	62	92	123	154	184	215	245
25	172	203	231	2	32	63	93	124	155	185	216	246
26	173	204	232	3	33	64	94	125	156	186	217	247
27	174	205	233	4	34	65	95	126	157	187	218	248
28	175	206	234	5	35	66	96	127	158	188	219	249
29	176		235	6	36	67	97	128	159	189	220	250
30	177		236	7	37	68	98	129	160	190	221	251
31	178		237		38		99	130		191		252

■1944・1996・2048年

	1月	2月	3月	4月	5月	6月	7月	8月	9月	10月	11月	12月
1	253	24	53	83	113	144	174	205	236	6	37	67
2	254	25	54	84	114	145	175	206	237	7	38	68
3	255	26	55	85	115	146	176	207	238	8	39	69
4	256	27	56	86	116	147	177	208	239	9	40	70
5	257	28	57	87	117	148	178	209	240	10	41	71
6	258	29	58	88	118	149	179	210	241	11	42	72
7	259	30	59	89	119	150	180	211	242	12	43	73
8	260	31	60	90	120	151	181	212	243	13	44	74
9	1	32	61	91	121	152	182	213	244	14	45	75
10	2	33	62	92	122	153	183	214	245	15	46	76
11	3	34	63	93	123	154	184	215	246	16	47	77
12	4	35	64	94	124	155	185	216	247	17	48	78
13	5	36	65	95	125	156	186	217	248	18	49	79
14	6	37	66	96	126	157	187	218	249	19	50	80
15	7	38	67	97	127	158	188	219	250	20	51	81
16	8	39	68	98	128	159	189	220	251	21	52	82
17	9	40	69	99	129	160	190	221	252	22	53	83
18	10	41	70	100	130	161	191	222	253	23	54	84
19	11	42	71	101	131	162	192	223	254	24	55	85
20	12	43	72	102	132	163	193	224	255	25	56	86
21	13	44	73	103	133	164	194	225	256	26	57	87
22	14	45	74	104	134	165	195	226	257	27	58	88
23	15	46	75	105	135	166	196	227	258	28	59	89
24	16	47	76	106	136	167	197	228	259	29	60	90
25	17	48	77	107	137	168	198	229	260	30	61	91
26	18	49	78	108	138	169	199	230	1	31	62	92
27	19	50	79	109	139	170	200	231	2	32	63	93
28	20	51	80	110	140	171	201	232	3	33	64	94
29	21	52	81	111	141	172	202	233	4	34	65	95
30	22		82	112	142	173	203	234	5	35	66	96
31	23		83		143		204	235		36		97

■1945・1997・2049年

	1月	2月	3月	4月	5月	6月	7月	8月	9月	10月	11月	12月
1	98	129	157	188	218	249	19	50	81	111	142	172
2	99	130	158	189	219	250	20	51	82	112	143	173
3	100	131	159	190	220	251	21	52	83	113	144	174
4	101	132	160	191	221	252	22	53	84	114	145	175
5	102	133	161	192	222	253	23	54	85	115	146	176
6	103	134	162	193	223	254	24	55	86	116	147	177
7	104	135	163	194	224	255	25	56	87	117	148	178
8	105	136	164	195	225	256	26	57	88	118	149	179
9	106	137	165	196	226	257	27	58	89	119	150	180
10	107	138	166	197	227	258	28	59	90	120	151	181
11	108	139	167	198	228	259	29	60	91	121	152	182
12	109	140	168	199	229	260	30	61	92	122	153	183
13	110	141	169	200	230	1	31	62	93	123	154	184
14	111	142	170	201	231	2	32	63	94	124	155	185
15	112	143	171	202	232	3	33	64	95	125	156	186
16	113	144	172	203	233	4	34	65	96	126	157	187
17	114	145	173	204	234	5	35	66	97	127	158	188
18	115	146	174	205	235	6	36	67	98	128	159	189
19	116	147	175	206	236	7	37	68	99	129	160	190
20	117	148	176	207	237	8	38	69	100	130	161	191
21	118	149	177	208	238	9	39	70	101	131	162	192
22	119	150	178	209	239	10	40	71	102	132	163	193
23	120	151	179	210	240	11	41	72	103	133	164	194
24	121	152	180	211	241	12	42	73	104	134	165	195
25	122	153	181	212	242	13	43	74	105	135	166	196
26	123	154	182	213	243	14	44	75	106	136	167	197
27	124	155	183	214	244	15	45	76	107	137	168	198
28	125	156	184	215	245	16	46	77	108	138	169	199
29	126		185	216	246	17	47	78	109	139	170	200
30	127		186	217	247	18	48	79	110	140	171	201
31	128		187		248		49	80		141		202

■1946・1998・2050年

	1月	2月	3月	4月	5月	6月	7月	8月	9月	10月	11月	12月
1	203	234	2	33	63	94	124	155	186	216	247	17
2	204	235	3	34	64	95	125	156	187	217	248	18
3	205	236	4	35	65	96	126	157	188	218	249	19
4	206	237	5	36	66	97	127	158	189	219	250	20
5	207	238	6	37	67	98	128	159	190	220	251	21
6	208	239	7	38	68	99	129	160	191	221	252	22
7	209	240	8	39	69	100	130	161	192	222	253	23
8	210	241	9	40	70	101	131	162	193	223	254	24
9	211	242	10	41	71	102	132	163	194	224	255	25
10	212	243	11	42	72	103	133	164	195	225	256	26
11	213	244	12	43	73	104	134	165	196	226	257	27
12	214	245	13	44	74	105	135	166	197	227	258	28
13	215	246	14	45	75	106	136	167	198	228	259	29
14	216	247	15	46	76	107	137	168	199	229	260	30
15	217	248	16	47	77	108	138	169	200	230	1	31
16	218	249	17	48	78	109	139	170	201	231	2	32
17	219	250	18	49	79	110	140	171	202	232	3	33
18	220	251	19	50	80	111	141	172	203	233	4	34
19	221	252	20	51	81	112	142	173	204	234	5	35
20	222	253	21	52	82	113	143	174	205	235	6	36
21	223	254	22	53	83	114	144	175	206	236	7	37
22	224	255	23	54	84	115	145	176	207	237	8	38
23	225	256	24	55	85	116	146	177	208	238	9	39
24	226	257	25	56	86	117	147	178	209	239	10	40
25	227	258	26	57	87	118	148	179	210	240	11	41
26	228	259	27	58	88	119	149	180	211	241	12	42
27	229	260	28	59	89	120	150	181	212	242	13	43
28	230	1	29	60	90	121	151	182	213	243	14	44
29	231		30	61	91	122	152	183	214	244	15	45
30	232		31	62	92	123	153	184	215	245	16	46
31	233		32		93		154	185		246		47

■1947・1999年

	1月	2月	3月	4月	5月	6月	7月	8月	9月	10月	11月	12月
1	48	79	107	138	168	199	229	260	31	61	92	122
2	49	80	108	139	169	200	230	1	32	62	93	123
3	50	81	109	140	170	201	231	2	33	63	94	124
4	51	82	110	141	171	202	232	3	34	64	95	125
5	52	83	111	142	172	203	233	4	35	65	96	126
6	53	84	112	143	173	204	234	5	36	66	97	127
7	54	85	113	144	174	205	235	6	37	67	98	128
8	55	86	114	145	175	206	236	7	38	68	99	129
9	56	87	115	146	176	207	237	8	39	69	100	130
10	57	88	116	147	177	208	238	9	40	70	101	131
11	58	89	117	148	178	209	239	10	41	71	102	132
12	59	90	118	149	179	210	240	11	42	72	103	133
13	60	91	119	150	180	211	241	12	43	73	104	134
14	61	92	120	151	181	212	242	13	44	74	105	135
15	62	93	121	152	182	213	243	14	45	75	106	136
16	63	94	122	153	183	214	244	15	46	76	107	137
17	64	95	123	154	184	215	245	16	47	77	108	138
18	65	96	124	155	185	216	246	17	48	78	109	139
19	66	97	125	156	186	217	247	18	49	79	110	140
20	67	98	126	157	187	218	248	19	50	80	111	141
21	68	99	127	158	188	219	249	20	51	81	112	142
22	69	100	128	159	189	220	250	21	52	82	113	143
23	70	101	129	160	190	221	251	22	53	83	114	144
24	71	102	130	161	191	222	252	23	54	84	115	145
25	72	103	131	162	192	223	253	24	55	85	116	146
26	73	104	132	163	193	224	254	25	56	86	117	147
27	74	105	133	164	194	225	255	26	57	87	118	148
28	75	106	134	165	195	226	256	27	58	88	119	149
29	76		135	166	196	227	257	28	59	89	120	150
30	77		136	167	197	228	258	29	60	90	121	151
31	78		137		198		259	30		91		152

■1948・2000年

	1月	2月	3月	4月	5月	6月	7月	8月	9月	10月	11月	12月
1	153	184	213	243	13	44	74	105	136	166	197	227
2	154	185	214	244	14	45	75	106	137	167	198	228
3	155	186	215	245	15	46	76	107	138	168	199	229
4	156	187	216	246	16	47	77	108	139	169	200	230
5	157	188	217	247	17	48	78	109	140	170	201	231
6	158	189	218	248	18	49	79	110	141	171	202	232
7	159	190	219	249	19	50	80	111	142	172	203	233
8	160	191	220	250	20	51	81	112	143	173	204	234
9	161	192	221	251	21	52	82	113	144	174	205	235
10	162	193	222	252	22	53	83	114	145	175	206	236
11	163	194	223	253	23	54	84	115	146	176	207	237
12	164	195	224	254	24	55	85	116	147	177	208	238
13	165	196	225	255	25	56	86	117	148	178	209	239
14	166	197	226	256	26	57	87	118	149	179	210	240
15	167	198	227	257	27	58	88	119	150	180	211	241
16	168	199	228	258	28	59	89	120	151	181	212	242
17	169	200	229	259	29	60	90	121	152	182	213	243
18	170	201	230	260	30	61	91	122	153	183	214	244
19	171	202	231	1	31	62	92	123	154	184	215	245
20	172	203	232	2	32	63	93	124	155	185	216	246
21	173	204	233	3	33	64	94	125	156	186	217	247
22	174	205	234	4	34	65	95	126	157	187	218	248
23	175	206	235	5	35	66	96	127	158	188	219	249
24	176	207	236	6	36	67	97	128	159	189	220	250
25	177	208	237	7	37	68	98	129	160	190	221	251
26	178	209	238	8	38	69	99	130	161	191	222	252
27	179	210	239	9	39	70	100	131	162	192	223	253
28	180	211	240	10	40	71	101	132	163	193	224	254
29	181	212	241	11	41	72	102	133	164	194	225	255
30	182		242	12	42	73	103	134	165	195	226	256
31	183		243		43		104	135		196		257

■1949・2001年

	1月	2月	3月	4月	5月	6月	7月	8月	9月	10月	11月	12月
1	258	29	57	88	118	149	179	210	241	11	42	72
2	259	30	58	89	119	150	180	211	242	12	43	73
3	260	31	59	90	120	151	181	212	243	13	44	74
4	1	32	60	91	121	152	182	213	244	14	45	75
5	2	33	61	92	122	153	183	214	245	15	46	76
6	3	34	62	93	123	154	184	215	246	16	47	77
7	4	35	63	94	124	155	185	216	247	17	48	78
8	5	36	64	95	125	156	186	217	248	18	49	79
9	6	37	65	96	126	157	187	218	249	19	50	80
10	7	38	66	97	127	158	188	219	250	20	51	81
11	8	39	67	98	128	159	189	220	251	21	52	82
12	9	40	68	99	129	160	190	221	252	22	53	83
13	10	41	69	100	130	161	191	222	253	23	54	84
14	11	42	70	101	131	162	192	223	254	24	55	85
15	12	43	71	102	132	163	193	224	255	25	56	86
16	13	44	72	103	133	164	194	225	256	26	57	87
17	14	45	73	104	134	165	195	226	257	27	58	88
18	15	46	74	105	135	166	196	227	258	28	59	89
19	16	47	75	106	136	167	197	228	259	29	60	90
20	17	48	76	107	137	168	198	229	260	30	61	91
21	18	49	77	108	138	169	199	230	1	31	62	92
22	19	50	78	109	139	170	200	231	2	32	63	93
23	20	51	79	110	140	171	201	232	3	33	64	94
24	21	52	80	111	141	172	202	233	4	34	65	95
25	22	53	81	112	142	173	203	234	5	35	66	96
26	23	54	82	113	143	174	204	235	6	36	67	97
27	24	55	83	114	144	175	205	236	7	37	68	98
28	25	56	84	115	145	176	206	237	8	38	69	99
29	26		85	116	146	177	207	238	9	39	70	100
30	27		86	117	147	178	208	239	10	40	71	101
31	28		87		148		209	240		41		102

■1950・2002年

	1月	2月	3月	4月	5月	6月	7月	8月	9月	10月	11月	12月
1	103	134	162	193	223	254	24	55	86	116	147	177
2	104	135	163	194	224	255	25	56	87	117	148	178
3	105	136	164	195	225	256	26	57	88	118	149	179
4	106	137	165	196	226	257	27	58	89	119	150	180
5	107	138	166	197	227	258	28	59	90	120	151	181
6	108	139	167	198	228	259	29	60	91	121	152	182
7	109	140	168	199	229	260	30	61	92	122	153	183
8	110	141	169	200	230	1	31	62	93	123	154	184
9	111	142	170	201	231	2	32	63	94	124	155	185
10	112	143	171	202	232	3	33	64	95	125	156	186
11	113	144	172	203	233	4	34	65	96	126	157	187
12	114	145	173	204	234	5	35	66	97	127	158	188
13	115	146	174	205	235	6	36	67	98	128	159	189
14	116	147	175	206	236	7	37	68	99	129	160	190
15	117	148	176	207	237	8	38	69	100	130	161	191
16	118	149	177	208	238	9	39	70	101	131	162	192
17	119	150	178	209	239	10	40	71	102	132	163	193
18	120	151	179	210	240	11	41	72	103	133	164	194
19	121	152	180	211	241	12	42	73	104	134	165	195
20	122	153	181	212	242	13	43	74	105	135	166	196
21	123	154	182	213	243	14	44	75	106	136	167	197
22	124	155	183	214	244	15	45	76	107	137	168	198
23	125	156	184	215	245	16	46	77	108	138	169	199
24	126	157	185	216	246	17	47	78	109	139	170	200
25	127	158	186	217	247	18	48	79	110	140	171	201
26	128	159	187	218	248	19	49	80	111	141	172	202
27	129	160	188	219	249	20	50	81	112	142	173	203
28	130	161	189	220	250	21	51	82	113	143	174	204
29	131		190	221	251	22	52	83	114	144	175	205
30	132		191	222	252	23	53	84	115	145	176	206
31	133		192		253		54	85		146		207

■1951・2003年

	1月	2月	3月	4月	5月	6月	7月	8月	9月	10月	11月	12月
1	208	239	7	38	68	99	129	160	191	221	252	22
2	209	240	8	39	69	100	130	161	192	222	253	23
3	210	241	9	40	70	101	131	162	193	223	254	24
4	211	242	10	41	71	102	132	163	194	224	255	25
5	212	243	11	42	72	103	133	164	195	225	256	26
6	213	244	12	43	73	104	134	165	196	226	257	27
7	214	245	13	44	74	105	135	166	197	227	258	28
8	215	246	14	45	75	106	136	167	198	228	259	29
9	216	247	15	46	76	107	137	168	199	229	260	30
10	217	248	16	47	77	108	138	169	200	230	1	31
11	218	249	17	48	78	109	139	170	201	231	2	32
12	219	250	18	49	79	110	140	171	202	232	3	33
13	220	251	19	50	80	111	141	172	203	233	4	34
14	221	252	20	51	81	112	142	173	204	234	5	35
15	222	253	21	52	82	113	143	174	205	235	6	36
16	223	254	22	53	83	114	144	175	206	236	7	37
17	224	255	23	54	84	115	145	176	207	237	8	38
18	225	256	24	55	85	116	146	177	208	238	9	39
19	226	257	25	56	86	117	147	178	209	239	10	40
20	227	258	26	57	87	118	148	179	210	240	11	41
21	228	259	27	58	88	119	149	180	211	241	12	42
22	229	260	28	59	89	120	150	181	212	242	13	43
23	230	1	29	60	90	121	151	182	213	243	14	44
24	231	2	30	61	91	122	152	183	214	244	15	45
25	232	3	31	62	92	123	153	184	215	245	16	46
26	233	4	32	63	93	124	154	185	216	246	17	47
27	234	5	33	64	94	125	155	186	217	247	18	48
28	235	6	34	65	95	126	156	187	218	248	19	49
29	236		35	66	96	127	157	188	219	249	20	50
30	237		36	67	97	128	158	189	220	250	21	51
31	238		37		98		159	190		251		52

■1952・2004年

	1月	2月	3月	4月	5月	6月	7月	8月	9月	10月	11月	12月
1	53	84	113	143	173	204	234	5	36	66	97	127
2	54	85	114	144	174	205	235	6	37	67	98	128
3	55	86	115	145	175	206	236	7	38	68	99	129
4	56	87	116	146	176	207	237	8	39	69	100	130
5	57	88	117	147	177	208	238	9	40	70	101	131
6	58	89	118	148	178	209	239	10	41	71	102	132
7	59	90	119	149	179	210	240	11	42	72	103	133
8	60	91	120	150	180	211	241	12	43	73	104	134
9	61	92	121	151	181	212	242	13	44	74	105	135
10	62	93	122	152	182	213	243	14	45	75	106	136
11	63	94	123	153	183	214	244	15	46	76	107	137
12	64	95	124	154	184	215	245	16	47	77	108	138
13	65	96	125	155	185	216	246	17	48	78	109	139
14	66	97	126	156	186	217	247	18	49	79	110	140
15	67	98	127	157	187	218	248	19	50	80	111	141
16	68	99	128	158	188	219	249	20	51	81	112	142
17	69	100	129	159	189	220	250	21	52	82	113	143
18	70	101	130	160	190	221	251	22	53	83	114	144
19	71	102	131	161	191	222	252	23	54	84	115	145
20	72	103	132	162	192	223	253	24	55	85	116	146
21	73	104	133	163	193	224	254	25	56	86	117	147
22	74	105	134	164	194	225	255	26	57	87	118	148
23	75	106	135	165	195	226	256	27	58	88	119	149
24	76	107	136	166	196	227	257	28	59	89	120	150
25	77	108	137	167	197	228	258	29	60	90	121	151
26	78	109	138	168	198	229	259	30	61	91	122	152
27	79	110	139	169	199	230	260	31	62	92	123	153
28	80	111	140	170	200	231	1	32	63	93	124	154
29	81	112	141	171	201	232	2	33	64	94	125	155
30	82		142	172	202	233	3	34	65	95	126	156
31	83		143		203		4	35		96		157

■1953・2005年

	1月	2月	3月	4月	5月	6月	7月	8月	9月	10月	11月	12月
1	158	189	217	248	18	49	79	110	141	171	202	232
2	159	190	218	249	19	50	80	111	142	172	203	233
3	160	191	219	250	20	51	81	112	143	173	204	234
4	161	192	220	251	21	52	82	113	144	174	205	235
5	162	193	221	252	22	53	83	114	145	175	206	236
6	163	194	222	253	23	54	84	115	146	176	207	237
7	164	195	223	254	24	55	85	116	147	177	208	238
8	165	196	224	255	25	56	86	117	148	178	209	239
9	166	197	225	256	26	57	87	118	149	179	210	240
10	167	198	226	257	27	58	88	119	150	180	211	241
11	168	199	227	258	28	59	89	120	151	181	212	242
12	169	200	228	259	29	60	90	121	152	182	213	243
13	170	201	229	260	30	61	91	122	153	183	214	244
14	171	202	230	1	31	62	92	123	154	184	215	245
15	172	203	231	2	32	63	93	124	155	185	216	246
16	173	204	232	3	33	64	94	125	156	186	217	247
17	174	205	233	4	34	65	95	126	157	187	218	248
18	175	206	234	5	35	66	96	127	158	188	219	249
19	176	207	235	6	36	67	97	128	159	189	220	250
20	177	208	236	7	37	68	98	129	160	190	221	251
21	178	209	237	8	38	69	99	130	161	191	222	252
22	179	210	238	9	39	70	100	131	162	192	223	253
23	180	211	239	10	40	71	101	132	163	193	224	254
24	181	212	240	11	41	72	102	133	164	194	225	255
25	182	213	241	12	42	73	103	134	165	195	226	256
26	183	214	242	13	43	74	104	135	166	196	227	257
27	184	215	243	14	44	75	105	136	167	197	228	258
28	185	216	244	15	45	76	106	137	168	198	229	259
29	186		245	16	46	77	107	138	169	199	230	260
30	187		246	17	47	78	108	139	170	200	231	1
31	188		247		48		109	140		201		2

■1954・2006年

	1月	2月	3月	4月	5月	6月	7月	8月	9月	10月	11月	12月
1	3	34	62	93	123	154	184	215	246	16	47	77
2	4	35	63	94	124	155	185	216	247	17	48	78
3	5	36	64	95	125	156	186	217	248	18	49	79
4	6	37	65	96	126	157	187	218	249	19	50	80
5	7	38	66	97	127	158	188	219	250	20	51	81
6	8	39	67	98	128	159	189	220	251	21	52	82
7	9	40	68	99	129	160	190	221	252	22	53	83
8	10	41	69	100	130	161	191	222	253	23	54	84
9	11	42	70	101	131	162	192	223	254	24	55	85
10	12	43	71	102	132	163	193	224	255	25	56	86
11	13	44	72	103	133	164	194	225	256	26	57	87
12	14	45	73	104	134	165	195	226	257	27	58	88
13	15	46	74	105	135	166	196	227	258	28	59	89
14	16	47	75	106	136	167	197	228	259	29	60	90
15	17	48	76	107	137	168	198	229	260	30	61	91
16	18	49	77	108	138	169	199	230	1	31	62	92
17	19	50	78	109	139	170	200	231	2	32	63	93
18	20	51	79	110	140	171	201	232	3	33	64	94
19	21	52	80	111	141	172	202	233	4	34	65	95
20	22	53	81	112	142	173	203	234	5	35	66	96
21	23	54	82	113	143	174	204	235	6	36	67	97
22	24	55	83	114	144	175	205	236	7	37	68	98
23	25	56	84	115	145	176	206	237	8	38	69	99
24	26	57	85	116	146	177	207	238	9	39	70	100
25	27	58	86	117	147	178	208	239	10	40	71	101
26	28	59	87	118	148	179	209	240	11	41	72	102
27	29	60	88	119	149	180	210	241	12	42	73	103
28	30	61	89	120	150	181	211	242	13	43	74	104
29	31		90	121	151	182	212	243	14	44	75	105
30	32		91	122	152	183	213	244	15	45	76	106
31	33		92		153		214	245		46		107

■1955・2007年

	1月	2月	3月	4月	5月	6月	7月	8月	9月	10月	11月	12月
1	108	139	167	198	228	259	29	60	91	121	152	182
2	109	140	168	199	229	260	30	61	92	122	153	183
3	110	141	169	200	230	1	31	62	93	123	154	184
4	111	142	170	201	231	2	32	63	94	124	155	185
5	112	143	171	202	232	3	33	64	95	125	156	186
6	113	144	172	203	233	4	34	65	96	126	157	187
7	114	145	173	204	234	5	35	66	97	127	158	188
8	115	146	174	205	235	6	36	67	98	128	159	189
9	116	147	175	206	236	7	37	68	99	129	160	190
10	117	148	176	207	237	8	38	69	100	130	161	191
11	118	149	177	208	238	9	39	70	101	131	162	192
12	119	150	178	209	239	10	40	71	102	132	163	193
13	120	151	179	210	240	11	41	72	103	133	164	194
14	121	152	180	211	241	12	42	73	104	134	165	195
15	122	153	181	212	242	13	43	74	105	135	166	196
16	123	154	182	213	243	14	44	75	106	136	167	197
17	124	155	183	214	244	15	45	76	107	137	168	198
18	125	156	184	215	245	16	46	77	108	138	169	199
19	126	157	185	216	246	17	47	78	109	139	170	200
20	127	158	186	217	247	18	48	79	110	140	171	201
21	128	159	187	218	248	19	49	80	111	141	172	202
22	129	160	188	219	249	20	50	81	112	142	173	203
23	130	161	189	220	250	21	51	82	113	143	174	204
24	131	162	190	221	251	22	52	83	114	144	175	205
25	132	163	191	222	252	23	53	84	115	145	176	206
26	133	164	192	223	253	24	54	85	116	146	177	207
27	134	165	193	224	254	25	55	86	117	147	178	208
28	135	166	194	225	255	26	56	87	118	148	179	209
29	136		195	226	256	27	57	88	119	149	180	210
30	137		196	227	257	28	58	89	120	150	181	211
31	138		197		258		59	90		151		212

■1956・2008年

	1月	2月	3月	4月	5月	6月	7月	8月	9月	10月	11月	12月
1	213	244	13	43	73	104	134	165	196	226	257	27
2	214	245	14	44	74	105	135	166	197	227	258	28
3	215	246	15	45	75	106	136	167	198	228	259	29
4	216	247	16	46	76	107	137	168	199	229	260	30
5	217	248	17	47	77	108	138	169	200	230	1	31
6	218	249	18	48	78	109	139	170	201	231	2	32
7	219	250	19	49	79	110	140	171	202	232	3	33
8	220	251	20	50	80	111	141	172	203	233	4	34
9	221	252	21	51	81	112	142	173	204	234	5	35
10	222	253	22	52	82	113	143	174	205	235	6	36
11	223	254	23	53	83	114	144	175	206	236	7	37
12	224	255	24	54	84	115	145	176	207	237	8	38
13	225	256	25	55	85	116	146	177	208	238	9	39
14	226	257	26	56	86	117	147	178	209	239	10	40
15	227	258	27	57	87	118	148	179	210	240	11	41
16	228	259	28	58	88	119	149	180	211	241	12	42
17	229	260	29	59	89	120	150	181	212	242	13	43
18	230	1	30	60	90	121	151	182	213	243	14	44
19	231	2	31	61	91	122	152	183	214	244	15	45
20	232	3	32	62	92	123	153	184	215	245	16	46
21	233	4	33	63	93	124	154	185	216	246	17	47
22	234	5	34	64	94	125	155	186	217	247	18	48
23	235	6	35	65	95	126	156	187	218	248	19	49
24	236	7	36	66	96	127	157	188	219	249	20	50
25	237	8	37	67	97	128	158	189	220	250	21	51
26	238	9	38	68	98	129	159	190	221	251	22	52
27	239	10	39	69	99	130	160	191	222	252	23	53
28	240	11	40	70	100	131	161	192	223	253	24	54
29	241	12	41	71	101	132	162	193	224	254	25	55
30	242		42	72	102	133	163	194	225	255	26	56
31	243		43		103		164	195		256		57

■1957・2009年

	1月	2月	3月	4月	5月	6月	7月	8月	9月	10月	11月	12月
1	58	89	117	148	178	209	239	10	41	71	102	132
2	59	90	118	149	179	210	240	11	42	72	103	133
3	60	91	119	150	180	211	241	12	43	73	104	134
4	61	92	120	151	181	212	242	13	44	74	105	135
5	62	93	121	152	182	213	243	14	45	75	106	136
6	63	94	122	153	183	214	244	15	46	76	107	137
7	64	95	123	154	184	215	245	16	47	77	108	138
8	65	96	124	155	185	216	246	17	48	78	109	139
9	66	97	125	156	186	217	247	18	49	79	110	140
10	67	98	126	157	187	218	248	19	50	80	111	141
11	68	99	127	158	188	219	249	20	51	81	112	142
12	69	100	128	159	189	220	250	21	52	82	113	143
13	70	101	129	160	190	221	251	22	53	83	114	144
14	71	102	130	161	191	222	252	23	54	84	115	145
15	72	103	131	162	192	223	253	24	55	85	116	146
16	73	104	132	163	193	224	254	25	56	86	117	147
17	74	105	133	164	194	225	255	26	57	87	118	148
18	75	106	134	165	195	226	256	27	58	88	119	149
19	76	107	135	166	196	227	257	28	59	89	120	150
20	77	108	136	167	197	228	258	29	60	90	121	151
21	78	109	137	168	198	229	259	30	61	91	122	152
22	79	110	138	169	199	230	260	31	62	92	123	153
23	80	111	139	170	200	231	1	32	63	93	124	154
24	81	112	140	171	201	232	2	33	64	94	125	155
25	82	113	141	172	202	233	3	34	65	95	126	156
26	83	114	142	173	203	234	4	35	66	96	127	157
27	84	115	143	174	204	235	5	36	67	97	128	158
28	85	116	144	175	205	236	6	37	68	98	129	159
29	86		145	176	206	237	7	38	69	99	130	160
30	87		146	177	207	238	8	39	70	100	131	161
31	88		147		208		9	40		101		162

■1958・2010年

	1月	2月	3月	4月	5月	6月	7月	8月	9月	10月	11月	12月
1	163	194	222	253	23	54	84	115	146	176	207	237
2	164	195	223	254	24	55	85	116	147	177	208	238
3	165	196	224	255	25	56	86	117	148	178	209	239
4	166	197	225	256	26	57	87	118	149	179	210	240
5	167	198	226	257	27	58	88	119	150	180	211	241
6	168	199	227	258	28	59	89	120	151	181	212	242
7	169	200	228	259	29	60	90	121	152	182	213	243
8	170	201	229	260	30	61	91	122	153	183	214	244
9	171	202	230	1	31	62	92	123	154	184	215	245
10	172	203	231	2	32	63	93	124	155	185	216	246
11	173	204	232	3	33	64	94	125	156	186	217	247
12	174	205	233	4	34	65	95	126	157	187	218	248
13	175	206	234	5	35	66	96	127	158	188	219	249
14	176	207	235	6	36	67	97	128	159	189	220	250
15	177	208	236	7	37	68	98	129	160	190	221	251
16	178	209	237	8	38	69	99	130	161	191	222	252
17	179	210	238	9	39	70	100	131	162	192	223	253
18	180	211	239	10	40	71	101	132	163	193	224	254
19	181	212	240	11	41	72	102	133	164	194	225	255
20	182	213	241	12	42	73	103	134	165	195	226	256
21	183	214	242	13	43	74	104	135	166	196	227	257
22	184	215	243	14	44	75	105	136	167	197	228	258
23	185	216	244	15	45	76	106	137	168	198	229	259
24	186	217	245	16	46	77	107	138	169	199	230	260
25	187	218	246	17	47	78	108	139	170	200	231	1
26	188	219	247	18	48	79	109	140	171	201	232	2
27	189	220	248	19	49	80	110	141	172	202	233	3
28	190	221	249	20	50	81	111	142	173	203	234	4
29	191		250	21	51	82	112	143	174	204	235	5
30	192		251	22	52	83	113	144	175	205	236	6
31	193		252		53		114	145		206		7

■1959・2011年

	1月	2月	3月	4月	5月	6月	7月	8月	9月	10月	11月	12月
1	8	39	67	98	128	159	189	220	251	21	52	82
2	9	40	68	99	129	160	190	221	252	22	53	83
3	10	41	69	100	130	161	191	222	253	23	54	84
4	11	42	70	101	131	162	192	223	254	24	55	85
5	12	43	71	102	132	163	193	224	255	25	56	86
6	13	44	72	103	133	164	194	225	256	26	57	87
7	14	45	73	104	134	165	195	226	257	27	58	88
8	15	46	74	105	135	166	196	227	258	28	59	89
9	16	47	75	106	136	167	197	228	259	29	60	90
10	17	48	76	107	137	168	198	229	260	30	61	91
11	18	49	77	108	138	169	199	230	1	31	62	92
12	19	50	78	109	139	170	200	231	2	32	63	93
13	20	51	79	110	140	171	201	232	3	33	64	94
14	21	52	80	111	141	172	202	233	4	34	65	95
15	22	53	81	112	142	173	203	234	5	35	66	96
16	23	54	82	113	143	174	204	235	6	36	67	97
17	24	55	83	114	144	175	205	236	7	37	68	98
18	25	56	84	115	145	176	206	237	8	38	69	99
19	26	57	85	116	146	177	207	238	9	39	70	100
20	27	58	86	117	147	178	208	239	10	40	71	101
21	28	59	87	118	148	179	209	240	11	41	72	102
22	29	60	88	119	149	180	210	241	12	42	73	103
23	30	61	89	120	150	181	211	242	13	43	74	104
24	31	62	90	121	151	182	212	243	14	44	75	105
25	32	63	91	122	152	183	213	244	15	45	76	106
26	33	64	92	123	153	184	214	245	16	46	77	107
27	34	65	93	124	154	185	215	246	17	47	78	108
28	35	66	94	125	155	186	216	247	18	48	79	109
29	36		95	126	156	187	217	248	19	49	80	110
30	37		96	127	157	188	218	249	20	50	81	111
31	38		97		158		219	250		51		112

■1960・2012年

	1月	2月	3月	4月	5月	6月	7月	8月	9月	10月	11月	12月
1	113	144	173	203	233	4	34	65	96	126	157	187
2	114	145	174	204	234	5	35	66	97	127	158	188
3	115	146	175	205	235	6	36	67	98	128	159	189
4	116	147	176	206	236	7	37	68	99	129	160	190
5	117	148	177	207	237	8	38	69	100	130	161	191
6	118	149	178	208	238	9	39	70	101	131	162	192
7	119	150	179	209	239	10	40	71	102	132	163	193
8	120	151	180	210	240	11	41	72	103	133	164	194
9	121	152	181	211	241	12	42	73	104	134	165	195
10	122	153	182	212	242	13	43	74	105	135	166	196
11	123	154	183	213	243	14	44	75	106	136	167	197
12	124	155	184	214	244	15	45	76	107	137	168	198
13	125	156	185	215	245	16	46	77	108	138	169	199
14	126	157	186	216	246	17	47	78	109	139	170	200
15	127	158	187	217	247	18	48	79	110	140	171	201
16	128	159	188	218	248	19	49	80	111	141	172	202
17	129	160	189	219	249	20	50	81	112	142	173	203
18	130	161	190	220	250	21	51	82	113	143	174	204
19	131	162	191	221	251	22	52	83	114	144	175	205
20	132	163	192	222	252	23	53	84	115	145	176	206
21	133	164	193	223	253	24	54	85	116	146	177	207
22	134	165	194	224	254	25	55	86	117	147	178	208
23	135	166	195	225	255	26	56	87	118	148	179	209
24	136	167	196	226	256	27	57	88	119	149	180	210
25	137	168	197	227	257	28	58	89	120	150	181	211
26	138	169	198	228	258	29	59	90	121	151	182	212
27	139	170	199	229	259	30	60	91	122	152	183	213
28	140	171	200	230	260	31	61	92	123	153	184	214
29	141	172	201	231	1	32	62	93	124	154	185	215
30	142		202	232	2	33	63	94	125	155	186	216
31	143		203		3		64	95		156		217

■1961・2013年

	1月	2月	3月	4月	5月	6月	7月	8月	9月	10月	11月	12月
1	218	249	17	48	78	109	139	170	201	231	2	32
2	219	250	18	49	79	110	140	171	202	232	3	33
3	220	251	19	50	80	111	141	172	203	233	4	34
4	221	252	20	51	81	112	142	173	204	234	5	35
5	222	253	21	52	82	113	143	174	205	235	6	36
6	223	254	22	53	83	114	144	175	206	236	7	37
7	224	255	23	54	84	115	145	176	207	237	8	38
8	225	256	24	55	85	116	146	177	208	238	9	39
9	226	257	25	56	86	117	147	178	209	239	10	40
10	227	258	26	57	87	118	148	179	210	240	11	41
11	228	259	27	58	88	119	149	180	211	241	12	42
12	229	260	28	59	89	120	150	181	212	242	13	43
13	230	1	29	60	90	121	151	182	213	243	14	44
14	231	2	30	61	91	122	152	183	214	244	15	45
15	232	3	31	62	92	123	153	184	215	245	16	46
16	233	4	32	63	93	124	154	185	216	246	17	47
17	234	5	33	64	94	125	155	186	217	247	18	48
18	235	6	34	65	95	126	156	187	218	248	19	49
19	236	7	35	66	96	127	157	188	219	249	20	50
20	237	8	36	67	97	128	158	189	220	250	21	51
21	238	9	37	68	98	129	159	190	221	251	22	52
22	239	10	38	69	99	130	160	191	222	252	23	53
23	240	11	39	70	100	131	161	192	223	253	24	54
24	241	12	40	71	101	132	162	193	224	254	25	55
25	242	13	41	72	102	133	163	194	225	255	26	56
26	243	14	42	73	103	134	164	195	226	256	27	57
27	244	15	43	74	104	135	165	196	227	257	28	58
28	245	16	44	75	105	136	166	197	228	258	29	59
29	246		45	76	106	137	167	198	229	259	30	60
30	247		46	77	107	138	168	199	230	260	31	61
31	248		47		108		169	200		1		62

著者紹介

ヘルナンデス真理（へるなんです・まり）
ＡＭＩ国際モンテッソーリ教師
沖縄生まれ。短大を卒業後、都内企業に就職。その後、沖縄へ帰り保育士として働く。27歳で米国人男性と結婚。そして夫とともに渡米。
２００４年、沖縄へ戻る。親の経営する保育園が「モンテッソーリ教育」を取り入れ変わった様子に感銘を受け、同教育に関心を寄せる。
その後、ＡＭＩ国際モンテッソーリ教師ディプロマを取得。現在・沖縄の保育園園長として現場で日々、同教育の実践中。マヤ暦のアドバイザーでもある。

越川宗亮（こしかわ・そうすけ）
マヤ暦研究家・シンクロニシティ研究会主宰
１９６２年千葉県生まれ。中央大学出身。
マヤ暦、マヤの叡知を中心とした〝人間学研究家〟であり、〝言葉のちから研究家〟。学生時代、「『人間研究』こそ最高の学問」との言葉に感銘を受け、それ以来「個人の本質」「人の活かし方」をテーマに研究。企業、地方自治体など、多方面にわたる講演依頼がある。
これまで、教育、医療、会社人事、結婚など幅広い分野で、マヤの叡知を用い、確実に成果を上げている。

モンテッソーリ教育×マヤ暦

この２つの組み合わせが、
子どもの無限の可能性を広げる!!

著　者　　　ヘルナンデス真理
越川宗亮
2021年１月24日　第１版第１刷発行

発行人　　　齊藤晴都恵
発行所　　　M.A.P.出版
〒273-0032
千葉県船橋市葛飾町2-380-2-5階
TEL 047-411-9801
メールアドレス info@map19.com
発売所　　　星雲社
112-0005
東京都文京区水道1-3-30
TEL 03-3868-3275

印刷・製本　株式会社シナノパブリッシングプレス

ISBN 978-4-434-28472-4　C0037